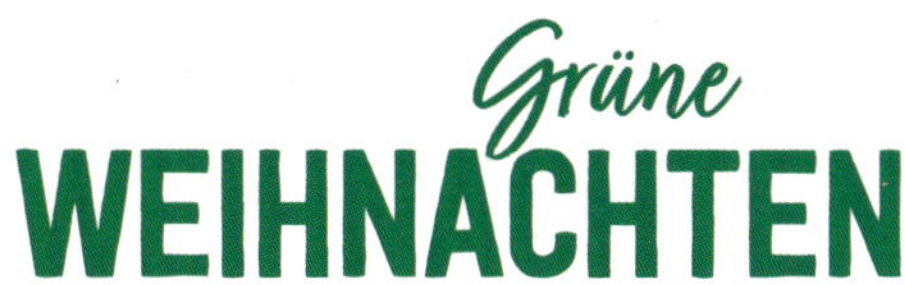
Grüne
WEIHNACHTEN

AF569696

Katharina Osterod und Anna Bleibtreu

Grüne WEIHNACHTEN

Dekorieren mit Nadelgrün, Eukalyptus & Co.

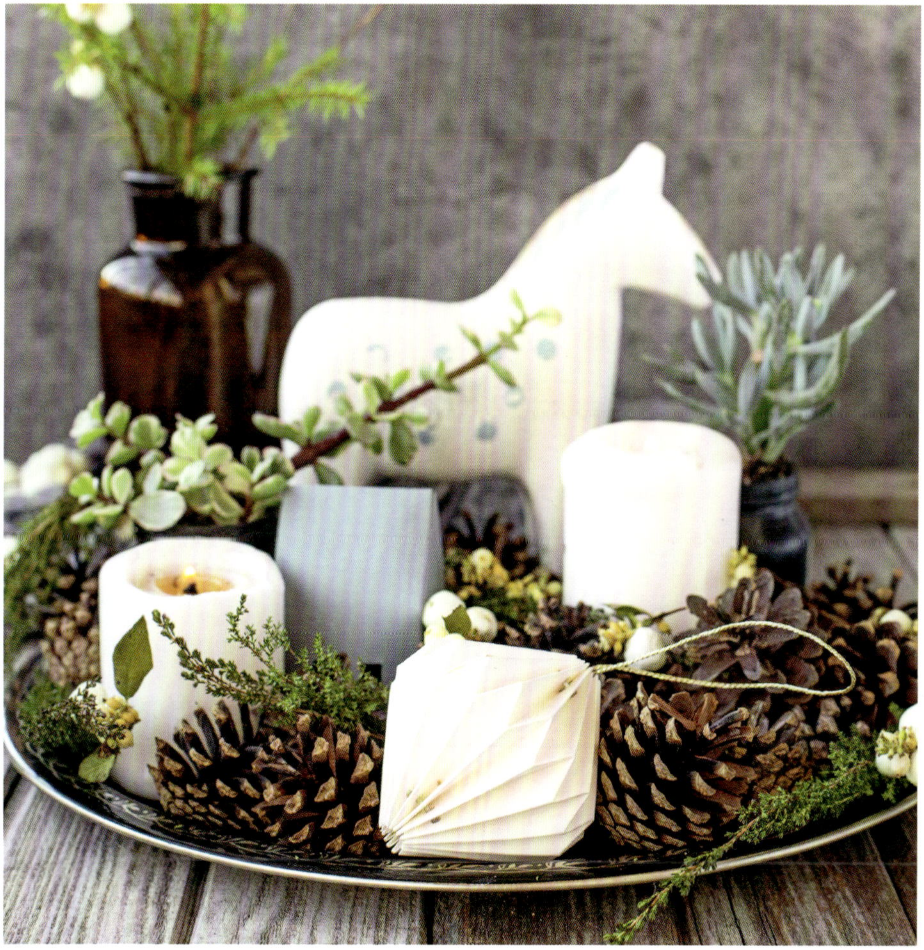

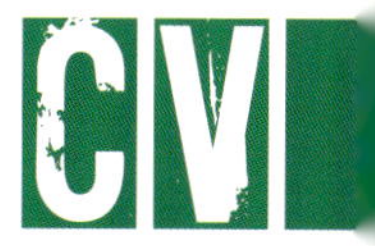

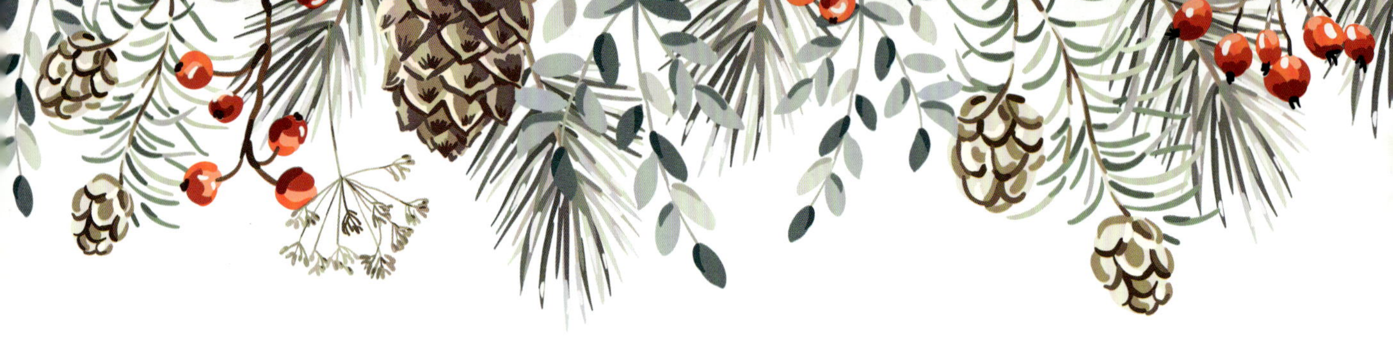

Inhaltsverzeichnis

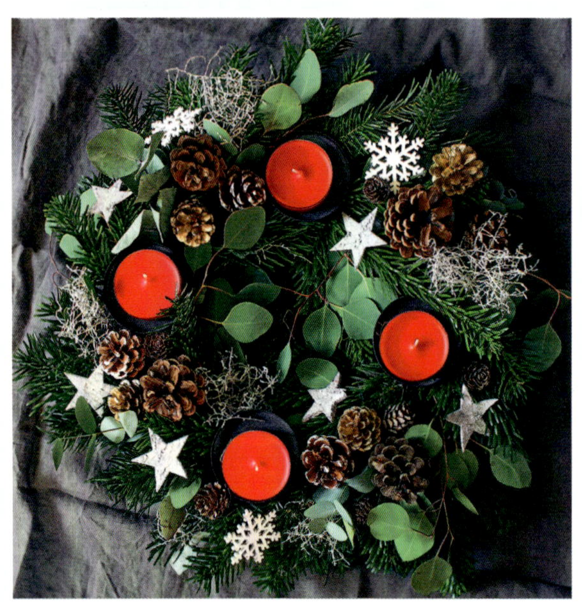

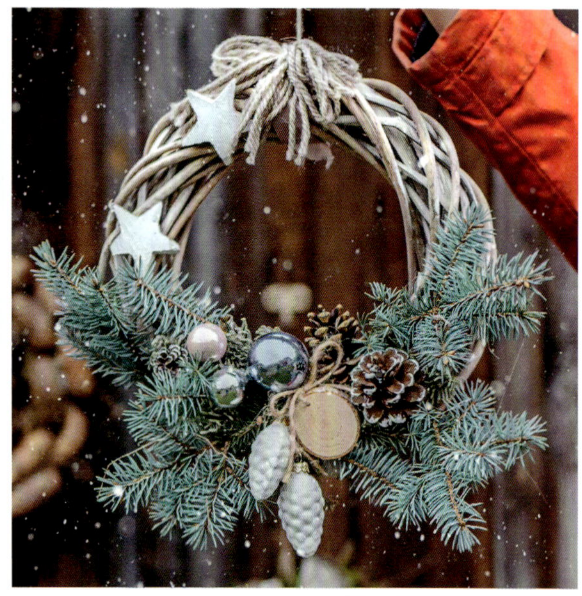

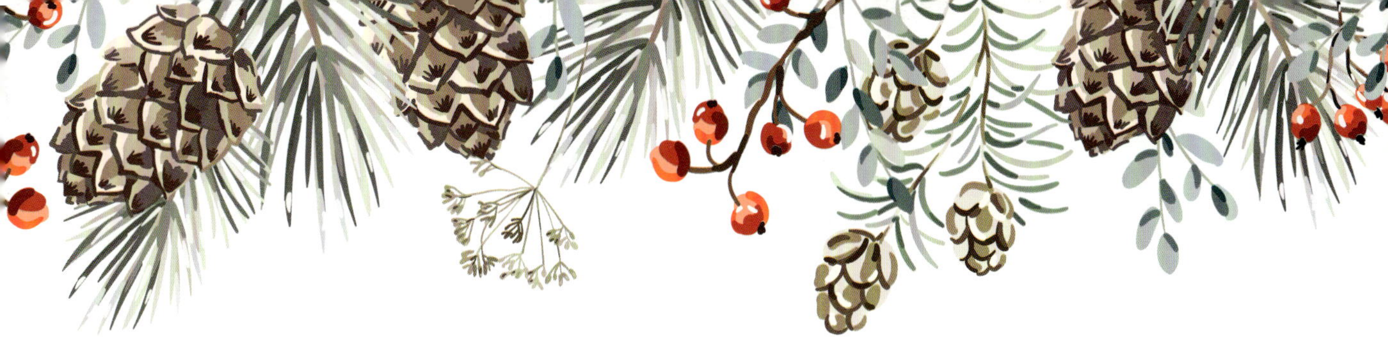

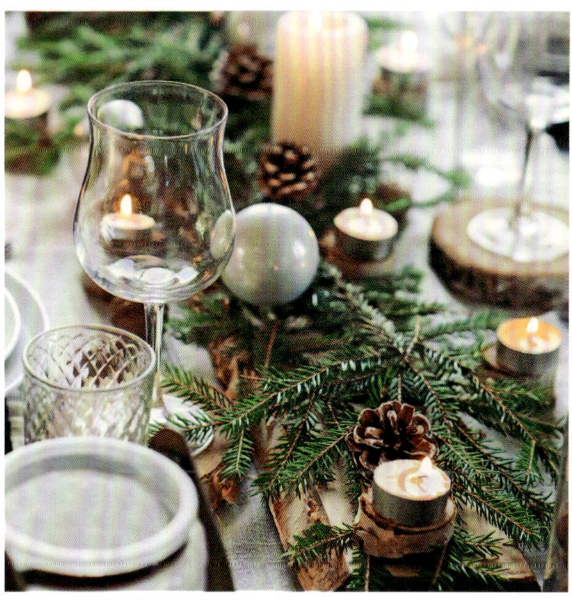

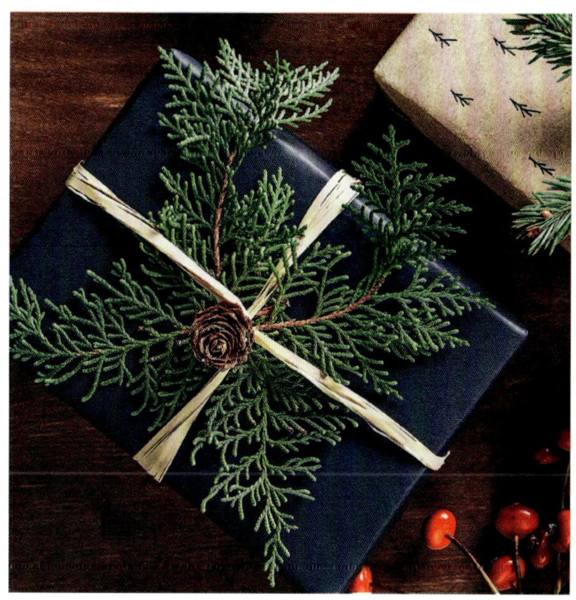

Vorwort

Die Natur ist unsere Inspirations- und Kraftquelle. Das gilt ganz besonders in der dunklen Jahreszeit. In der Natur finden wir unsere innere Balance in einem Alltag, der einem immer schnelleren Takt folgen muss.

Gerade die Weihnachtszeit verbinden die meisten von uns mit dem harzig-würzigen Duft von Tannengrün. Der Brauch, die Häuser und Räume mit grünen Zweigen zu schmücken, stammt bereits aus vorchristlicher Zeit. Dabei symbolisierte das Immergrün der Nadelbäume Leben und Fruchtbarkeit und sollte die Wintergeister vertreiben. Nach und nach vermischte sich dann heidnisches Brauchtum mit christlichem Gedankengut.

Bis heute sind Weihnachtsrot und Wintergrün die mit Abstand beliebtesten Farben in der kalten Jahreszeit, die uns im Grau eines Wintertages mit roten Beeren und kräftigen Grüntönen entgegenleuchten. Denn nicht nur im Wald ist diese Farbkombination unschlagbar schön – Tannengrün oder seidige Kiefernzweige, Ilex und als Krönung eine leuchtend rote Amaryllis – mehr braucht es gar nicht für eine natürlich schöne und ausdrucksstarke Weihnachtsdekoration.

Seit einiger Zeit geht beim Weihnachtsschmuck der Trend hin zu einem bewusst natürlichen, zeitlosen Look. Vorbei ist die Zeit, dass Lametta und Glaskugeln die festlichen Highlights setzten und das Grün lediglich die Begleitung darstellte. Heute sind das Nadelgrün, Moos und Flechten, dekorative Zweige und Fruchtstände eindeutig die Hauptdarsteller. Sie geben den Takt vor, sie stehen dekorativ im Mittelpunkt und bedürfen oft nicht mehr als einer zusätzlichen Kugel oder eines Sterns und allenfalls noch etwas Sprühlack, um als Weihnachtsschmuck zum reizvollen Hingucker zu werden.

Wer daher Weihnachten natürlich gestalten möchte, der findet im Floristik-Fachhandel, aber auch in Wald und Wiese oder im eigenen Garten, das notwendige Material hierfür. So verbinden sich Edeldisteln, Skimmie, Erika und Strandflieder mit Nadelgrün und Eukalyptus zu schönen Kränzen, Sträußen und Gestecken. Seit Kurzem sind auch Kombinationen mit den anspruchslosen Sukkulenten sehr beliebt. Und rosa Pfefferbeeren, Zimtstangen und Anissterne sind dekorative und duftende Ergänzungen, die den natürlichen Look gekonnt unterstreichen.

So braucht es als weitere „Zutat“ lediglich etwas Kreativität und Zeit für das Nacharbeiten der hier gezeigten grünen Dekorationen. Funkelnde Lichter und stimmungsvolle Windlichter dürfen unser Wintergrün dann gerne ergänzen. Und dann kann Weihnachten kommen!

Viel Freude beim Gestalten und ein wunderschönes grünes Weihnachtsfest wünschen dir

Katharina & Anna

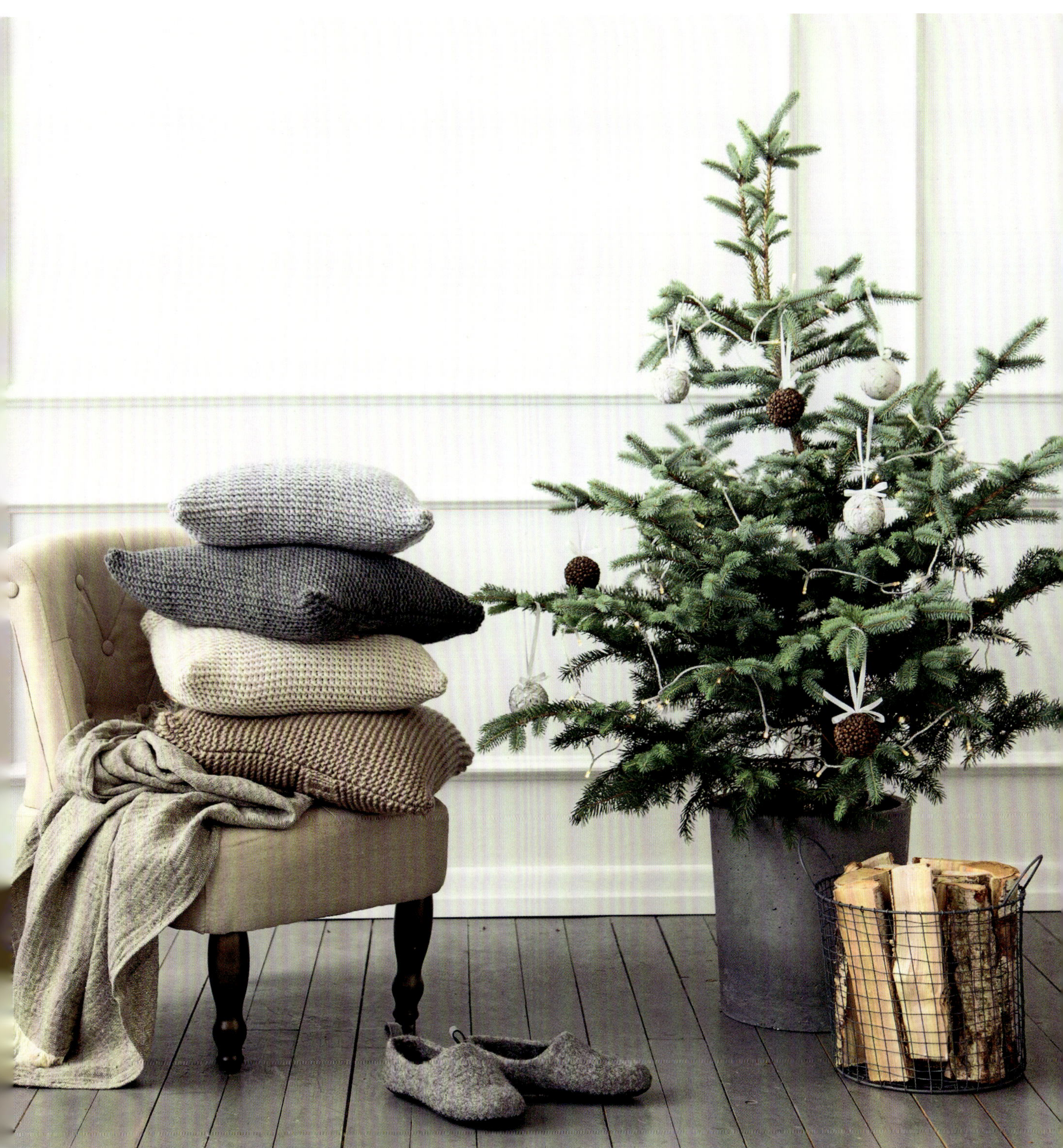

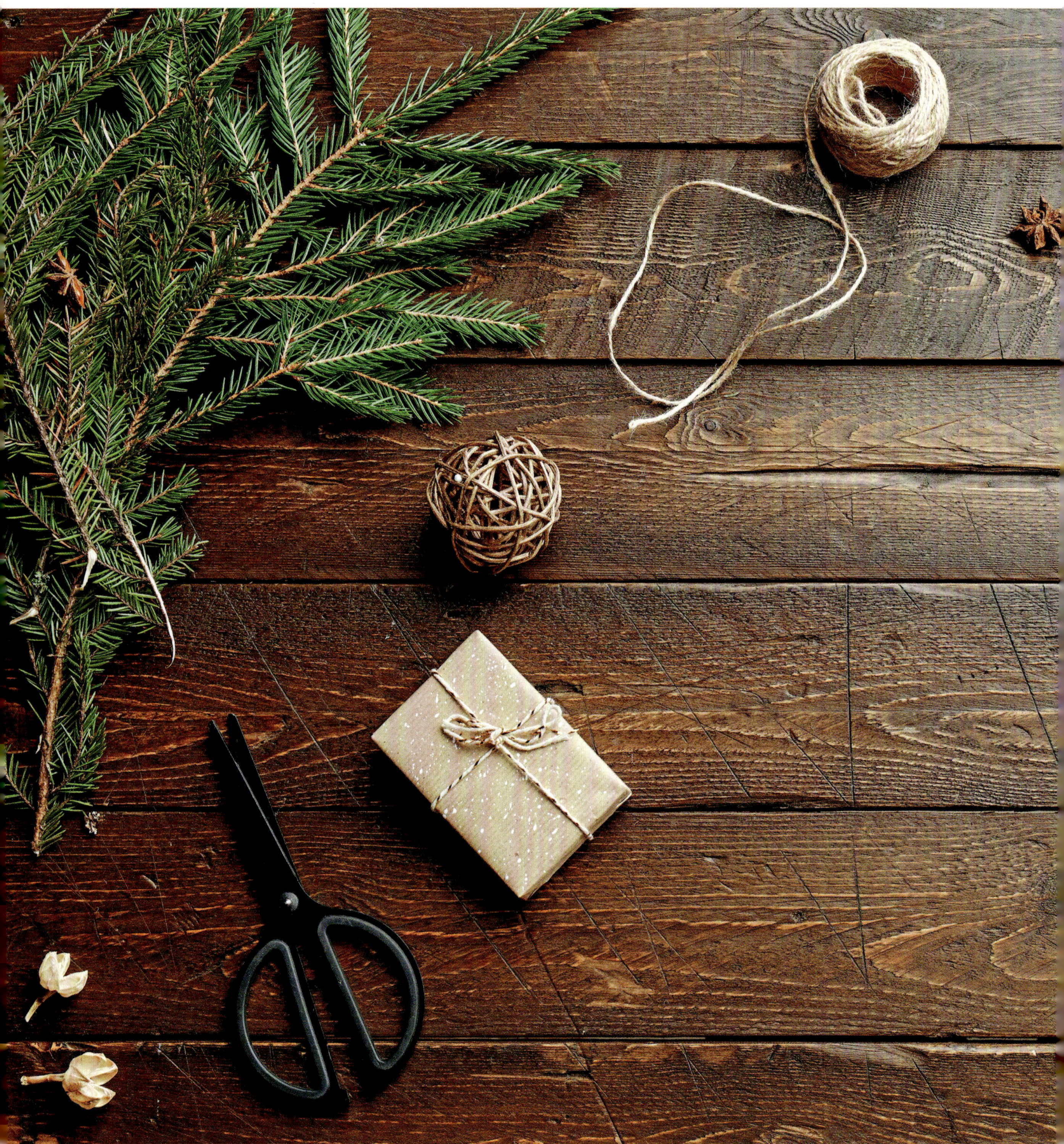

Material für grüne Deko

Adventskränze in sattem, dunklem Grün, verziert mit roten Beeren, üppige Girlanden am Treppengeländer und duftende Gestecke – diese Dekorationen bringen uns unweigerlich in Weihnachtsstimmung! Schon beim Binden der Kränze und beim Gestalten der Gestecke steigt die Vorfreude auf das Weihnachtsfest.

Beim Material, das man so zu jahreszeitlicher Dekoration verarbeitet, sind der Fantasie keine Grenzen gesetzt. Traditionell kommen am häufigsten immergrüne Pflanzen zum Einsatz, wie verschiedenes Nadelgrün, Ilex, Efeu und Thuja. In den letzten Jahren gibt es auch immer häufiger den silbrig-grünen Eukalyptus im Floristik-Fachhandel. Und aus dem angelsächsischen und amerikanischen Raum kam der Brauch, zur Weihnachtszeit Mistelzweige aufzuhängen, dazu.

Naturfunde
In der Natur, auf Spaziergängen in Wald und Feld, findet man oft sehr dekorative Ästchen, hübsche Beeren oder weiches Moos. **Gehe beim Pflücken und Sammeln sorgsam mit der Natur um!** Nimm nur, was ohnehin schon am Boden liegt oder was du sauber abschneiden kannst. Reiße niemals Zweige einfach ab!

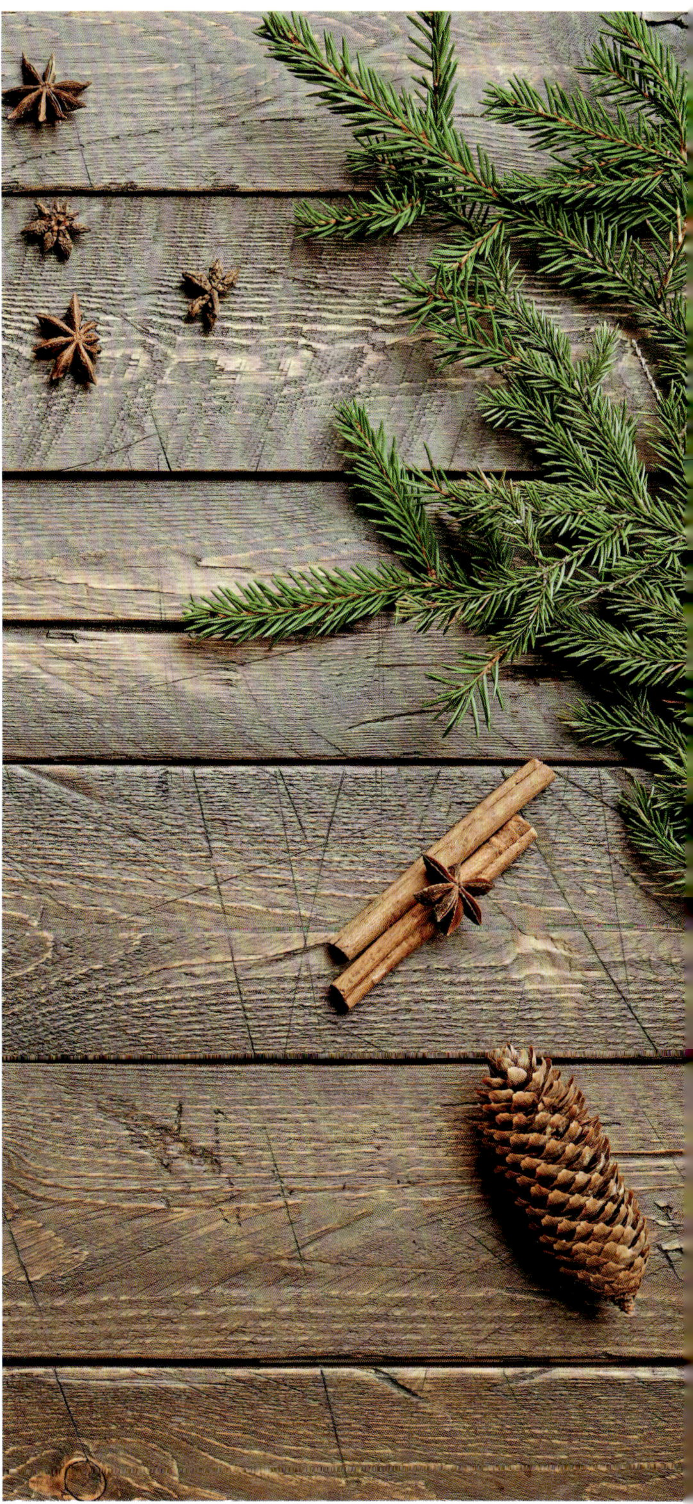

Nadelgrün

Tannen gehören zur Familie der Kieferngewächse. Mit über 40 Arten sind sie in den gemäßigten Gebieten der Nordhalbkugel verbreitet. Sie sind immergrün und zeichnen sich durch einen geraden, symmetrischen Wuchs aus. Tannen können sehr groß werden; für die Europäische Weißtanne sind z. B. Höhen von bis zu 70 Metern belegt.

Bei den Blättern der Tanne spricht man von Nadeln: Sie sind flach, biegsam und wachsen direkt auf dem Ast. Darin unterscheiden sich die Tannen z. B. von den Fichten, deren Nadeln auf kleinen verholzten Stielen sitzen.

Die Zapfen der Tanne wachsen nur in den obersten Zweigen und stehen aufrecht. Wenn die Samen ausgereift sind, fallen die Zapfen nicht als Ganzes zu Boden, sondern als einzelne Schuppen. Wenn man von Tannenzapfen spricht, handelt es sich daher in der Regel eigentlich um Kiefern- oder Fichtenzapfen.

Anders als bei den Tannen wachsen Kiefernnadeln meist in Zweier- bis Fünfer-Gruppen und sind an der Basis von einer Nadelscheide umgeben. Die Nadeln können eine Länge von 2,5 bis 50 Zentimetern erreichen. Dadurch bereichern sie Gestecke und Dekorationen und setzen reizvolle Akzente.

Auch **Fichten** gehören zu den Kieferngewächsen und kommen ausschließlich in den nördlichen gemäßigten und kühlen Zonen vor. Die Fichte ist wegen ihres schnellen Wuchses der wichtigste forstwirtschaftlich genutzte Baum in Europa. In Steillagen und im Gebirge haben Fichtenwälder außerdem eine wichtige Schutzfunktion für Täler.

Im Gegensatz zur Tanne hängen die Zapfen der Fichte an den Zweigen und fallen als Ganzes herab. Weil Fichten ihre Nadeln schneller verlieren als andere Nadelbäume, spielen eher ihre Zapfen eine Rolle bei der Adventsdekoration.

Als Weihnachtsbäume oder für Schmuckreisig verwendet man in Deutschland meist die Nordmann-Tanne mit ihren dichten, relativ weichen Nadeln. Aber auch die amerikanische Edel- und die Colorado-Tanne werden immer beliebter.

Kiefern, auch **Föhren** genannt, gehören, wie der Name schon sagt, ebenfalls zur Familie der Kieferngewächse. Meist handelt es sich dabei um Bäume, aber es gibt auch einige Kiefernarten, die als Sträucher wachsen. Wie die Tannen wachsen auch die Kiefern symmetrisch und mit einem durchgehenden Stamm.

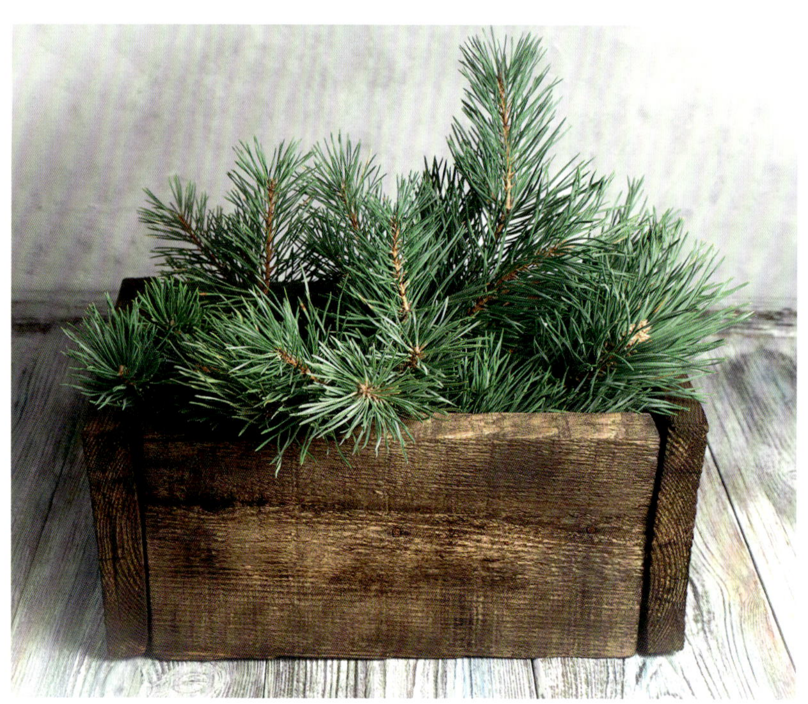

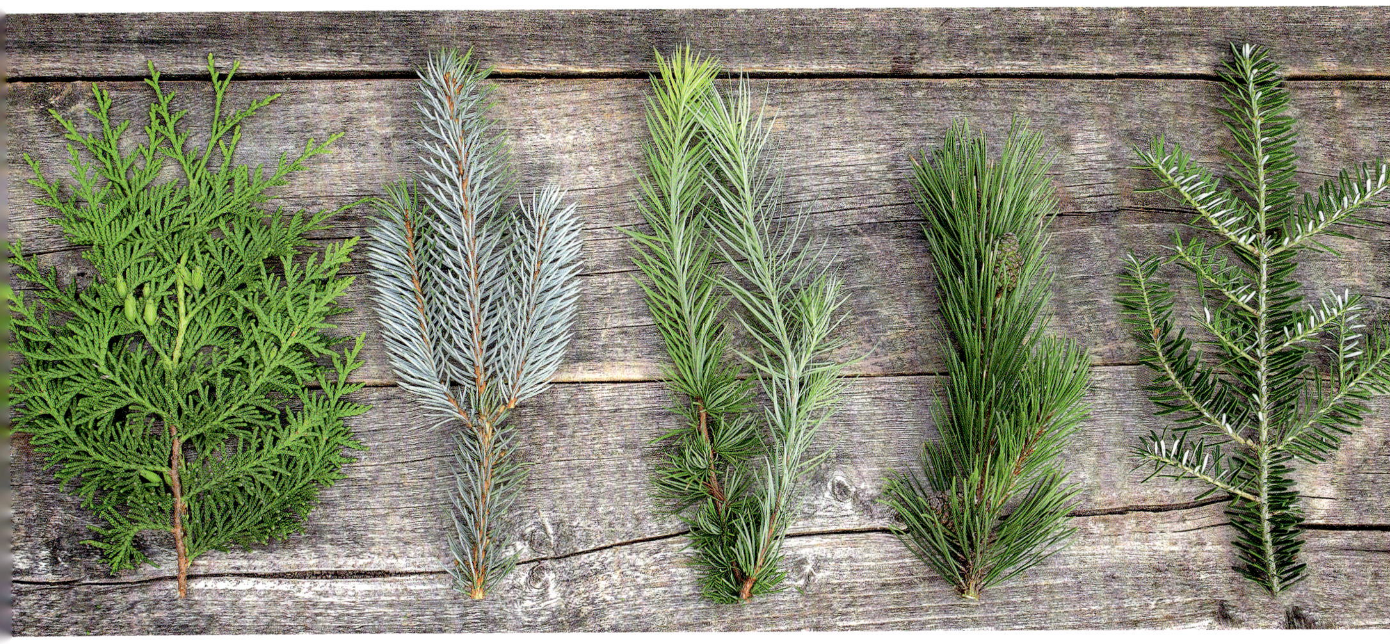

Eiben haben ebenfalls Nadeln und sind immergrün. Sie gehören aber zur Familie der Eibengewächse und kommen in den gemäßigten Gebieten der Nordhalbkugel mit etwa zehn Arten vor. Die in Europa am meisten verbreitete Art ist die Europäische Eibe.

Von diesen kleinen bis mittelgroßen Bäumen mit ihrem satten, intensiven Grün sagt man, dass sie sehr alt werden können. In Großbritannien soll es Eiben geben, die mehr als 2000 Jahre alt sind.

Vorsicht giftig!
Alle Pflanzenteile der Eibe – Rinde, Nadeln und Samen – sind giftig. Lediglich das „Fruchtfleisch" der roten „Beeren" ist ungiftig und für Gartenvögel eine willkommene Futterquelle. Wer Kinder oder Haustiere hat, sollte lieber auf Kränze und Gestecke mit Eibe verzichten.

Grüne Deko: Tipps für längere Haltbarkeit

1. Frische Zweige verwenden. Die Zweige direkt nach dem Schneiden verarbeiten bzw. beim Kauf auf Frische achten.

2. Mit Wasser versorgen. Wenn die Zweige in einem Gesteck oder einer Vase arrangiert sind, immer an frisches Wasser denken. Evtl. mit Wasser aus einer Sprühflasche besprühen.

3. Schnittstelle versiegeln. Die Zweige frisch anschneiden und dann z. B. Kerzenwachs auf die Schnittstelle geben.

4. Nicht zu warm. Die grüne Dekoration nicht direkt an einer Heizquelle aufstellen. Wenn möglich, über Nacht in einen kühlen Raum bringen.

Eukalyptus

Seit einiger Zeit ist Eukalyptus in der Floristik und als Dekoration sehr beliebt und wird dort vielseitig eingesetzt. Besonders das Laub, das grün, blaugrün oder silbrig-grau schillert, bietet einen sehr dekorativen Akzent. Je nach Sorte unterscheidet sich das Blattwerk in der Form, sodass z. B. ein Strauß aus verschiedenen Eukalyptuszweigen und ergänzt mit wenigen Blüten bereits eine spannende Komposition ergeben kann.

Auch als Kübelpflanze sieht man die nach Hustenbonbon ätherisch duftende Pflanze bei uns immer öfter. Ursprünglich stammt sie aus dem gemäßigten bis tropischen Australien und ist dort mit vielen verschiedenen Sorten heimisch. Eukalyptus gehört zu den Myrtengewächsen und wächst sehr schnell, weshalb er auch forstwirtschaftlich genutzt wird. Außerdem sind die Blätter des Eukalyptus die alleinige Nahrung der Koalas.

Bei uns kommen nur wenige winterfeste Arten vor, hier besonders der Mostgummi-Eukalyptus mit seinen elegant-silbergrauen Blättern.

Ein sicheres Erkennungsmerkmal der Pflanze ist der markante Geruch, wobei z. B. der Zitronen-Eukalyptus tatsächlich nach Zitrone duftet und lästige Insekten fernhalten soll.

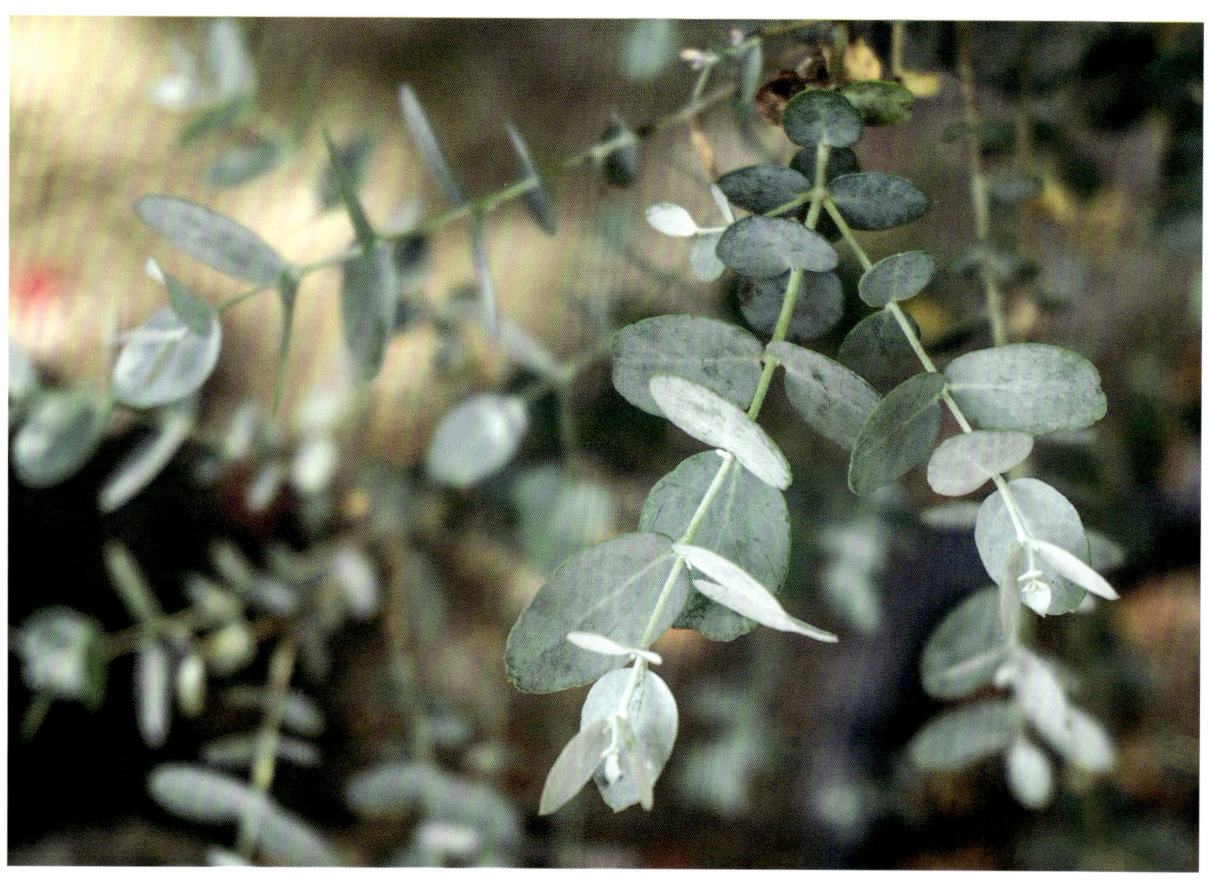

Mistel

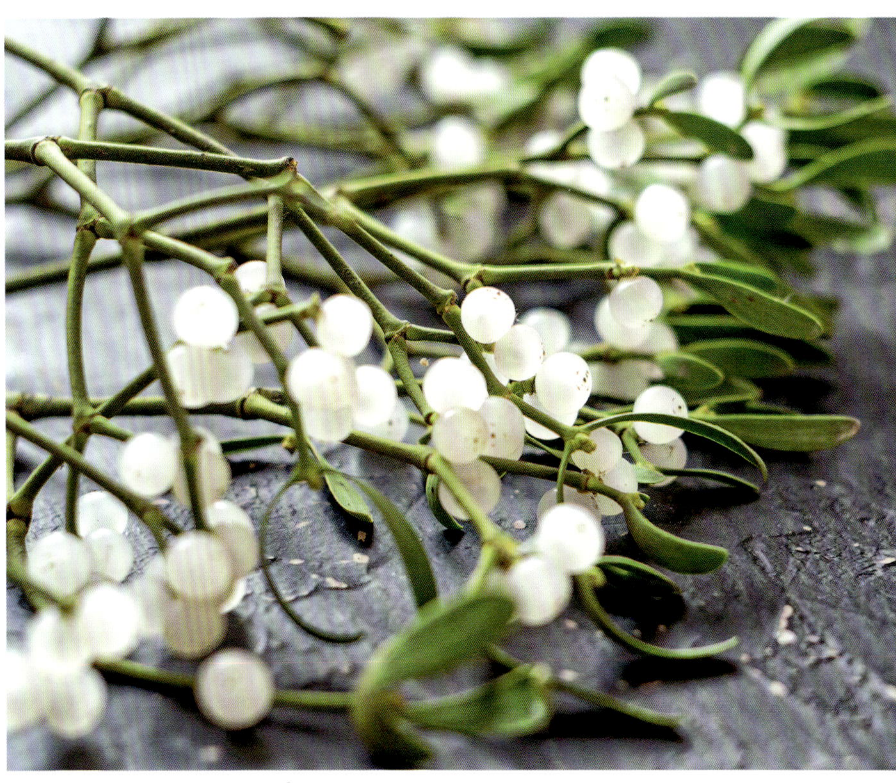

Wenn wir von Mistel sprechen, meinen wir meist die **Weißbeerige Mistel**. Sie hat drei Unterarten, nämlich die Laubholz-, die Tannen- und die Föhren-Mistel, und gehört zu den Sandelholzgewächsen. Ihr Laub ist sattgrün, manchmal auch gelblich-grün.

Die Mistel ist zwar nicht wirklich immergrün, aber dadurch, dass die Blätter mehrjährig sein können, ist sie immerhin wintergrün. Misteln können bis zu 70 Jahre alt werden und wachsen im Laufe der Zeit zu kugelförmigen Büschen heran. Stattliche Exemplare können einen Durchmesser von einem Meter erreichen.

Die Mistelsamen werden meist durch Vögel wie die Misteldrossel, die Mönchsgrasmücke und den Seidenschwanz verbreitet, die die weißen Beeren fressen. Wenn die Vögel dann in den Ästen der Bäume sitzen, bleiben die unverdauten Samen in den Sprossachsen der Bäume kleben. Dort keimen die Misteln dann als Halbschmarotzer und entziehen ihrem Wirtsbaum Wasser und Mineralsalze.

Bereits seit dem Altertum spielt die Mistel eine wichtige heilende und kultische Rolle. So stand sie bei den Kelten und Germanen als Symbol für ewiges Leben und für Fruchtbarkeit.

Wir kennen heute noch den aus England stammenden Brauch, in der Weihnachtszeit einen Mistelzweig über die Tür zu hängen. Wenn eine junge Frau unter dem Zweig stand, durfte man sie küssen. In Frankreich handhabt man das etwas allgemeiner: Hier werden auch Verwandte und Freunde geküsst.

Ob als Zweig über der Tür oder in Kränzen oder Gestecken: Die Mistel gibt mit ihren weißen Beeren dem dunklen Grün von Tanne, Fichte und Co. Leichtigkeit und Eleganz.

Achtung!
Zwei Dinge sollte man bei der Verwendung von Misteln beachten:
Misteln sind schwach **giftig!** Das gilt für alle Pflanzenteile bis auf die Beeren. Aber auch diese sollte man auf keinen Fall essen!
Misteln stehen zwar nicht unter Naturschutz, dennoch sollte man **behutsam vorgehen**, wenn man sie selbst ernten möchte, damit man die Wirtsbäume nicht beschädigt! Am besten sollte man sie jedoch beim Blumenhändler kaufen.

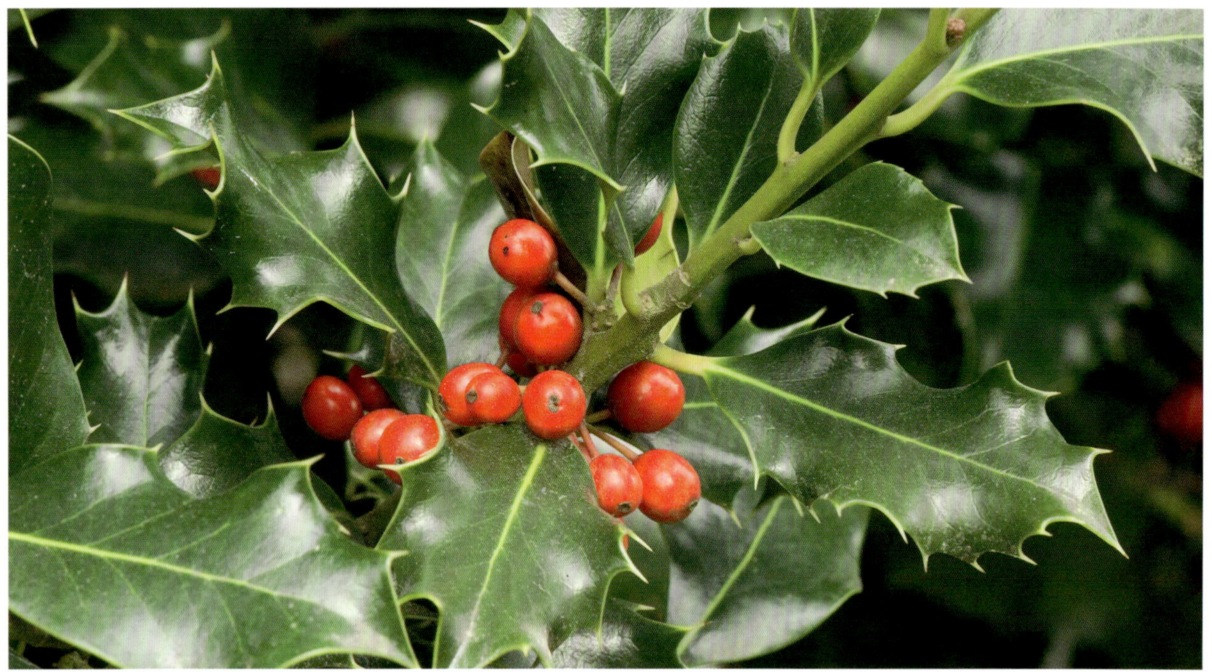

Ilex

Die Pflanze mit den dunkelgrün glänzenden, oft stacheligen Blättern ist bei uns auch als Stechpalme oder Christdorn bekannt. Ilex ist weltweit verbreitet, die meisten Arten findet man aber in den Tropen und Subtropen Ostasiens und Südamerikas. Bei uns ist nur die Europäische Stechpalme heimisch. Sie kann bis zu 15 Meter hoch werden und soll ein Alter von bis zu 300 Jahren erreichen können. Ilex ist extrem winterhart und immergrün, was ihn zu einem so beliebten Grünschmuck in der Winterzeit macht.

Im Frühjahr blüht Ilex mit kleinen gelben Blüten; im Herbst bildet er meist rote Beeren aus, die in Kränzen und Gestecken einen willkommenen Farbakzent bilden. Ganz besonders in Großbritannien, Frankreich und den USA gehört Ilex traditionell zur Weihnachtsdekoration, aber auch bei uns wird er immer beliebter.

Man sagt, dass Ilex bei den Druiden für Tapferkeit stand. Auch die Römer schätzten die immergrüne Pflanze und sahen sie als Symbol für ewiges Leben und Gesundheit. Der Brauch, im Winter die Innenräume mit Ilexzweigen zu schmücken, stammt wohl von den Germanen. Sie hießen damit Feen und gute Geister willkommen und erhofften sich so Schutz vor bösen Geistern.

Auch im Christentum spielt die Pflanze eine wichtige Rolle: Die Dornenkrone, die Jesus am Kreuz trägt, besteht aus Ilex und wurde so zum Symbol für Unsterblichkeit.

Achtung!
Ilexbeeren sind für den Menschen **giftig**!
In Deutschland steht Ilex unter **Naturschutz**.
Also in der freien Natur keine Ilexzweige schneiden! Am besten kauft man sie beim Blumenhändler.

Efeu

Der Gemeine Efeu, manchmal auch Baumwinde genannt, gehört zu den Araliengewächsen. Das Klettergehölz ist immergrün und sehr anspruchslos. Efeu wächst sehr schnell und kann flächendeckend den Boden oder auch ganze Bäume oder Gebäude überwuchern. Vorzugsweise wächst er in Wäldern und Auengehölzen in den gemäßigten Zonen Europas.

Seine meist dunkelgrünen, gelegentlich aber auch weiß panaschierten Blätter und seine langen, biegsamen Ranken machen den Efeu zu einem idealen Material für Girlanden und Kränze.

Den recht unscheinbaren, gelblich-grünen Blüten folgen blauschwarze Beeren, die ebenso wie das Laub in Kränzen und Gestecken sehr dekorativ wirken.

Im klassischen Altertum galt Efeu als die Pflanze wichtiger Götter. So wurden der griechische Gott Dionysos und der römische Gott Bacchus mit Kränzen aus Weinlaub und Efeu dargestellt. Das immergrüne Laub stand als Symbol für Heiterkeit und Geselligkeit.

Eine weitere Bedeutung waren Freundschaft und Treue, denn Efeu kann nicht ohne Unterstützung nach oben wachsen. So schenkte man im alten Griechenland Brautpaaren Efeuzweige als Zeichen der Treue.

In den Anfängen des Christentums stand Efeu für das ewige Leben, denn Efeu kann auch aus kleinen Teilen wieder austreiben.

Achtung!
Alle Pflanzenteile des Gemeinen Efeus sind **giftig**!

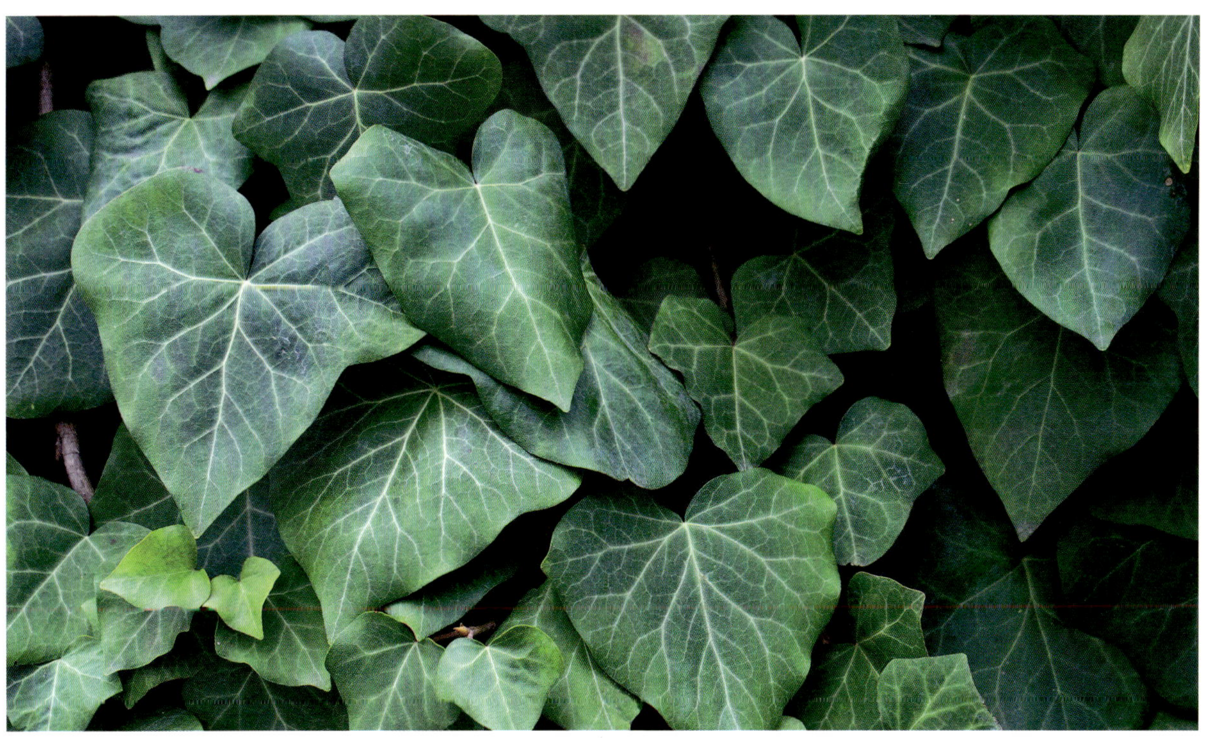

Thuja

Die Thuja wird auch Lebensbaum (aber Achtung: nicht mit den Scheinzypressen verwechseln!) genannt und gehört zu den Zypressengewächsen. Sie ist immergrün und wächst zu Bäumen heran. Freistehende Thuja können bis zu 20 Metern hoch werden. In den USA soll es sogar eine Thuja mit einer Höhe von über 50 Metern geben.

Anders als z. B. die Tanne hat die Thuja schuppenförmige Blätter, die gegenständig in Reihen an den Zweigen wachsen.

Bei uns kommt vor allem die Abendländische Thuja vor. Sie ist als Heckenpflanze sehr beliebt, da Thuja schnell wächst und sehr schnittverträglich ist. Der Schnitt muss allerdings regelmäßig erfolgen, damit sie im Inneren nicht verkahlt.

Als Bestandteil von grünen Weihnachtsdekorationen eignet sich Thuja sehr gut, weil die Zweige nicht stechen und auch nicht nadeln.

Achtung!
Thuja enthält das ätherische Öl Thujon, besonders in den Zweigspitzen und Zapfen. Dieses Öl ist giftig und kann bei empfindlichen Menschen zu Hautreizungen führen. Kinder und Haustiere sollten daher von Dekorationen mit Thuja ferngehalten werden. Beim Verarbeiten von Thujazweigen sollte man Handschuhe tragen.

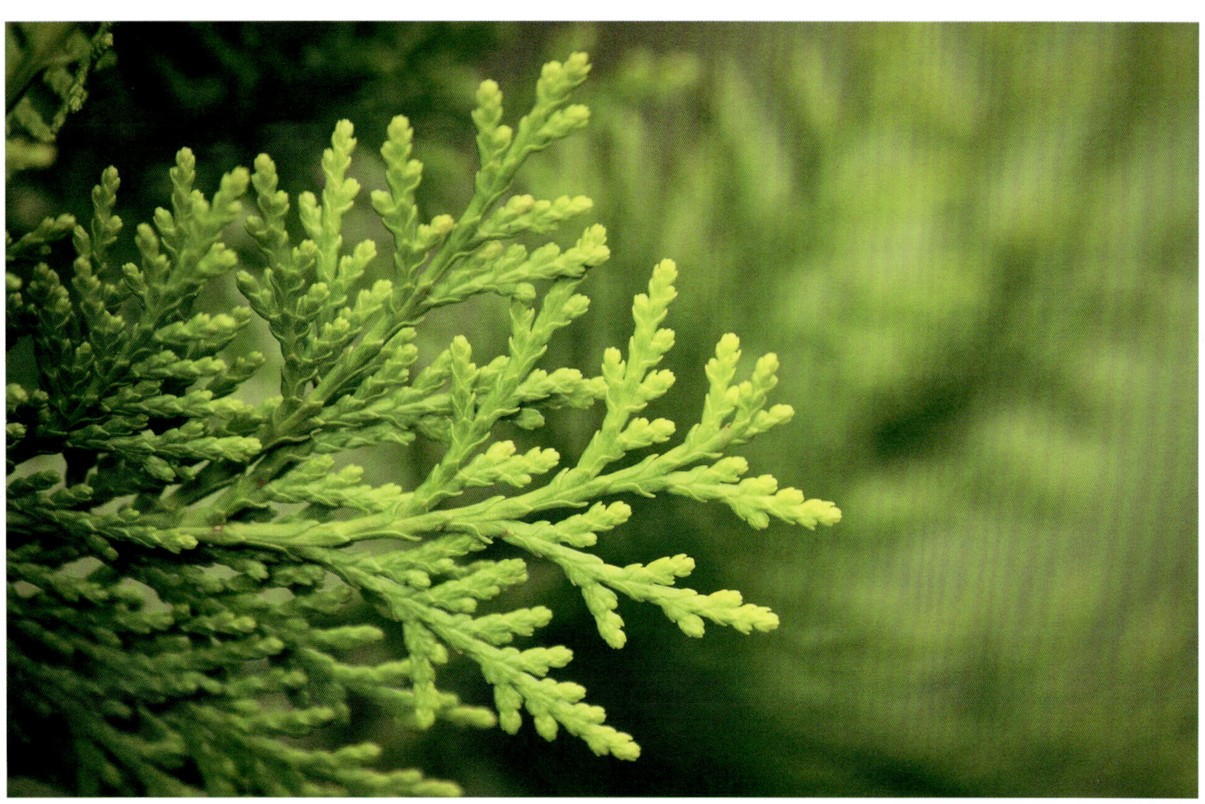

Buchs

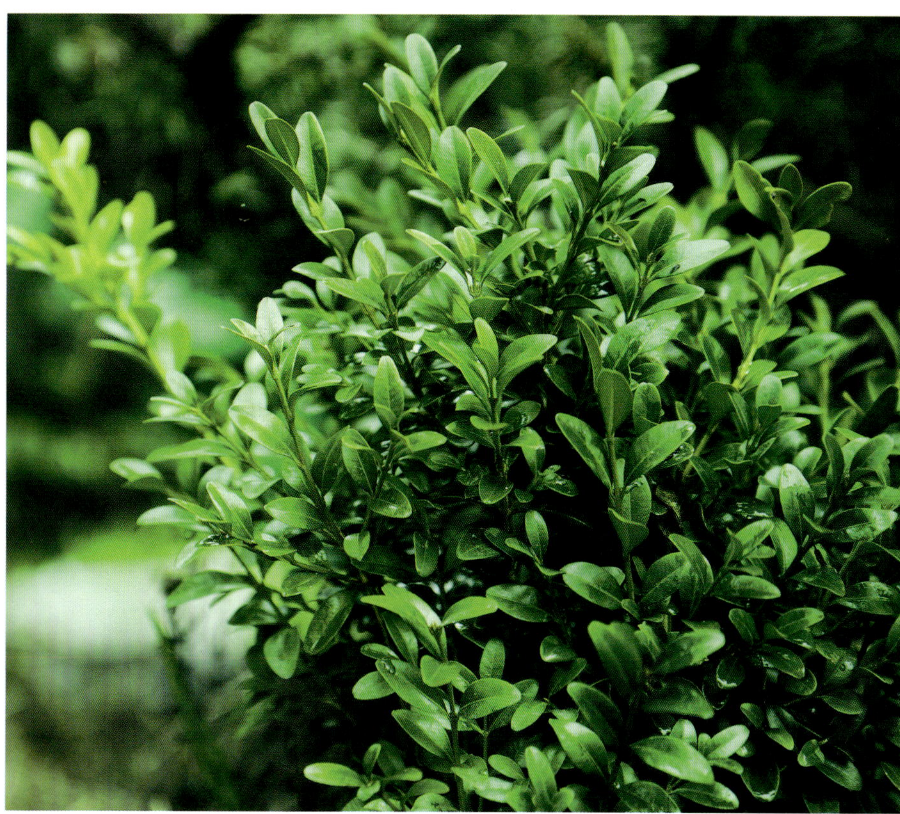

Der Gewöhnliche Buchsbaum ist ein langsam wachsender, immergrüner Strauch. Selten wachsen auch kleine Bäume heran. Er ist vor allem im südwestlichen und mittleren Europa verbreitet, häufig an trockenen Standorten.

Buchs wird häufig als Ziergehölz gepflanzt und spielt eine wichtige Rolle in der Gartenkunst. Bereits in der Renaissance waren aus den französischen und italienischen Schlossgärten niedrig geschnittene Buchshecken als Beeteinfassungen nicht wegzudenken. Zunehmend wurde das Formschnittgehölz auch in Mitteleuropa beliebt und zu Kugeln und allen möglichen anderen Formen geschnitten. Heute sind Buchsbaumeinfassungen auch ein fester Bestandteil von traditionellen Bauerngärten.

Außer für die Gartengestaltung ist Buchs auch für die Insektenwelt wichtig und von Bedeutung, denn seine Blüten produzieren viel Nektar und Pollen. Buchs blüht früh im Jahr, was ihn zu einer wichtigen Bienenweide macht.

Daneben wurde Buchs lange Zeit auch als Heilmittel verwendet. Seit der Antike setzte man ihn gegen Husten, Magen- und Darmkrankheiten sowie gegen Fieber und Malaria ein. Heute kommt er wegen seiner Toxizität nur noch selten zum Einsatz.

In den letzten Jahren setzt der aus Asien eingeschleppte Buchsbaumzünsler dem Buchs sehr zu, sodass vielerorts die Bestände dezimiert sind.

In katholischen Gegenden schmückt man in Ermangelung von Palmzweigen am Palmsonntag die Kirchen und die Kreuze in den Wohnungen mit Buchszweigen. Und auch in Adventskränzen und Weihnachtsgestecken ist der dunkelgrüne Buchs mit seinen hübschen kleinen Blättern sehr beliebt.

Achtung!
Der Buchsbaum ist in allen Teilen giftig! Mit Kindern und Tieren im Haushalt sollte man bei der Verwendung von Buchs sehr vorsichtig sein.

Tipps für die Weihnachtsdeko

Geh in die Natur!

Wer im Spätherbst und im frühen Winter durch die Natur streift, wird durch dekorativ eingetrocknete Blütenstände, rote Beeren und intensives Grün belohnt. Genau das Richtige für einen schönen Weihnachtsschmuck. Halte daher die Augen offen! Lasse dabei aber stets Vorsicht walten: Einige Pflanzen stehen unter Naturschutz und dürfen nicht abgeschnitten oder -gepflückt werden, z. B. verschiedene dekorative Distelarten. Schneide und pflücke außerdem so, dass du die Pflanzen so wenig wie möglich beschädigst. Und denke unbedingt daran, dass es Arten gibt, die zumindest in Teilen giftig sind.

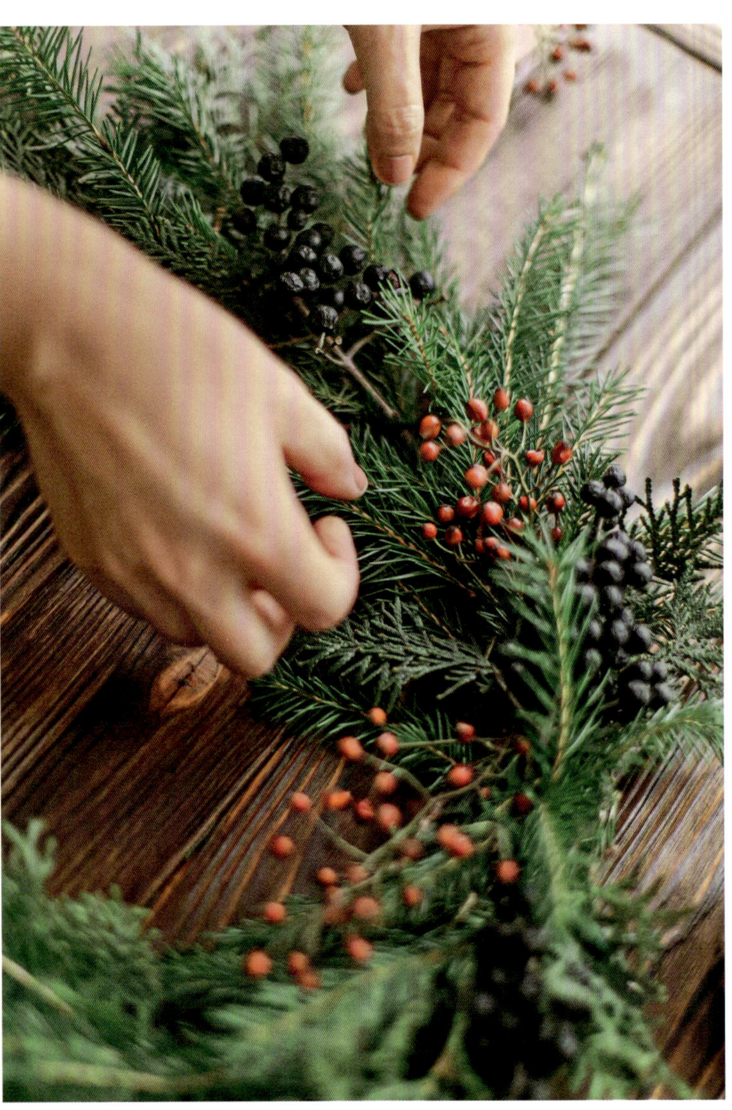

Passt es?

Bevor du entscheidest, welche Farbe z. B. das Satinband für deinen Kranz haben soll, überlege, wo du ihn platzieren möchtest. Eine Weihnachtsdekoration wirkt viel stimmungsvoller, wenn Farben und Material zur Umgebung passen! Mit neutralen Farben und Naturtönen kannst du nichts falsch machen, denn diese fügen sich nahezu überall harmonisch ein.

Steck's fest!

Wenn du ein Gesteck in einem Gefäß gestalten möchtest, verwende **Steckmasse**. Sie hat zwei große Vorteile gegenüber dem Arrangement ohne Steckmasse:

1. Du kannst die Zweige und anderen Bestandteile besser arrangieren.
2. Wenn du die Steckmasse regelmäßig wässerst, versorgt sie die verwendeten Pflanzen kontinuierlich mit Wasser. Stelle dazu das Gesteck ab und zu z. B. in die Spüle. Dort kann sich die Steckmasse mit Wasser vollsaugen.

Steckmasse gibt es auch in Ringform als Kranzunterlage. Solch ein Kranz wird allerdings gesteckt und nicht gebunden.

Eine Alternative zum Steckschaum kann **Hasendraht** sein, den du in einem wasserdichten Gefäß fixierst. Darin lassen sich die Blumen- und Pflanzenstiele gut feststecken. Fülle zum Schluss das Gefäß bis kurz unterhalb des Drahtes mit Wasser auf und decke den Draht mit Moos ab. Solch eine Konstruktion kannst du immer wieder verwenden!

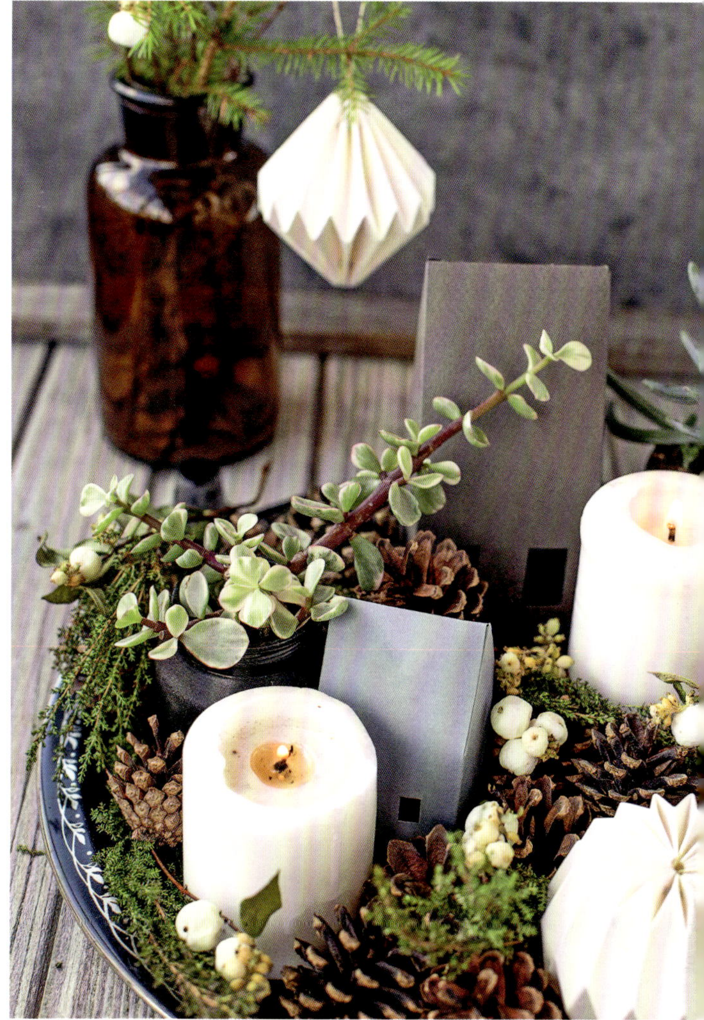

Welche Kerze?

Adventskränze und auch viele Gestecke sind erst mit schönen Kerzen komplett. Bei der Auswahl der Kerzen solltest du nicht nur die Farbe berücksichtigen, sondern auch die Höhe und Dicke der Kerze, damit sie zu deinem Arrangement passt.

Im Blumen- und Fachhandel gibt es mittlerweile auch **Kerzenhalter** aus Metall, die in den Kranz oder das Gesteck gesteckt werden können. Sie erleichtern das Anbringen der Kerzen und können die Brandgefahr vermindern. Auch sie lassen sich immer wieder verwenden.

Vorsicht: Feuer!

Wenn du Kerzen in deine grünen Kreationen integrierst, achte unbedingt auf die **Sicherheit**! Verwende sichere Kerzenhalter und befestige diese so, dass die Kerzen einen festen Stand haben. Außerdem sollten sich keine brennbaren Elemente in der Nähe der Flammen befinden. Und zu guter Letzt: Lasse eine Kerze nie unbeaufsichtigt brennen, ganz besonders, wenn du kleine Kinder oder Tiere im Haus hast!

Vorsicht: Giftig!

Wenn du kleine Kinder hast oder Tiere, die gern einmal an deiner grünen Deko knabbern, solltest du auf alle Pflanzen verzichten, die giftig sind. Wenn du dir nicht sicher bist, ob eine Pflanze giftig ist, informiere dich lieber, bevor du sie verarbeitest. Hier findest du eine Liste, die allerdings keinen Anspruch auf Vollständigkeit erhebt: https://www.bundesanzeiger.de/pub/de/amtlicher-teil?5&year=2021&edition=BAnz+AT+02.07.2021

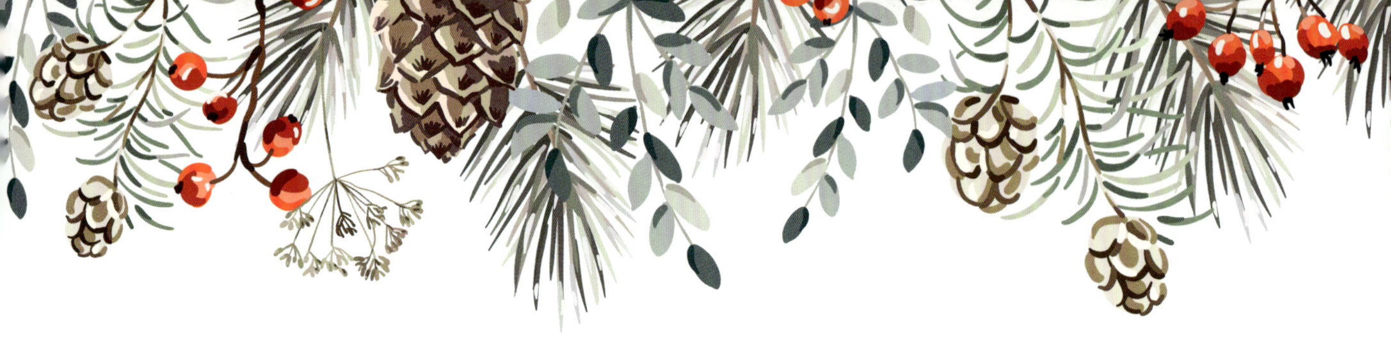

Gebundene Kränze

Kränze sind das ganze Jahr über willkommene Deko-Elemente. Mit allem, was die Jahreszeit hergibt – Blüten, Zweige, Blätter – zieren sie Haustüren, Anrichten und festlich gedeckte Tafeln. Aber in der Weihnachtszeit haben sie ihren ganz großen Auftritt!
Adventskränze gehören zudem unverzichtbar zur Vorweihnachtszeit, und mit jeder entzündeten Kerze rücken wir dem ersehnten Fest eine Woche näher.
In ihrer Gestaltung sind dabei der Fantasie eigentlich keine Grenzen gesetzt.
Erlaubt ist, was sich zu einem Kranz winden oder binden lässt.

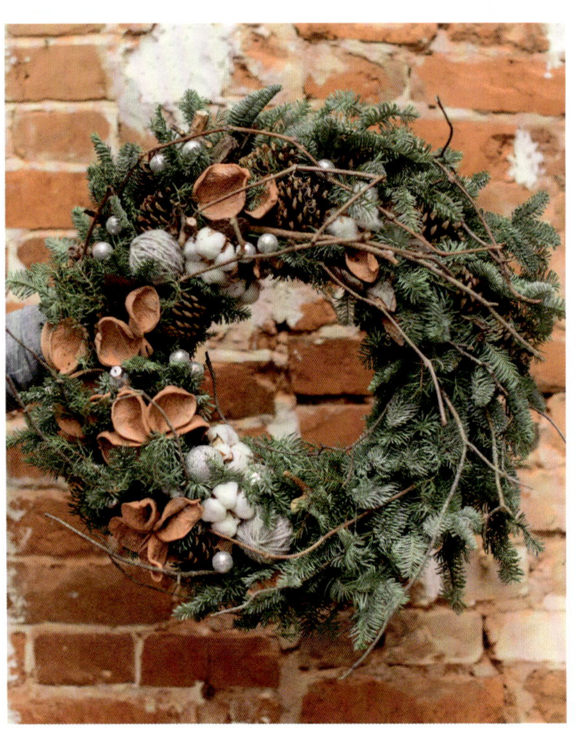

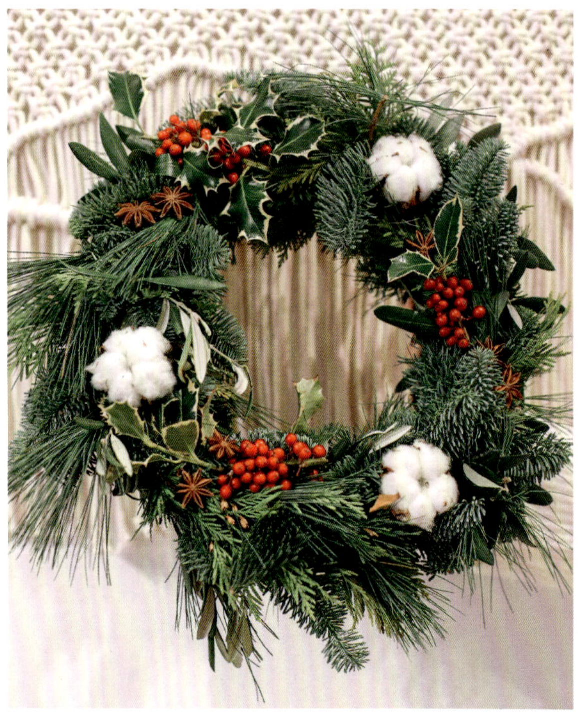

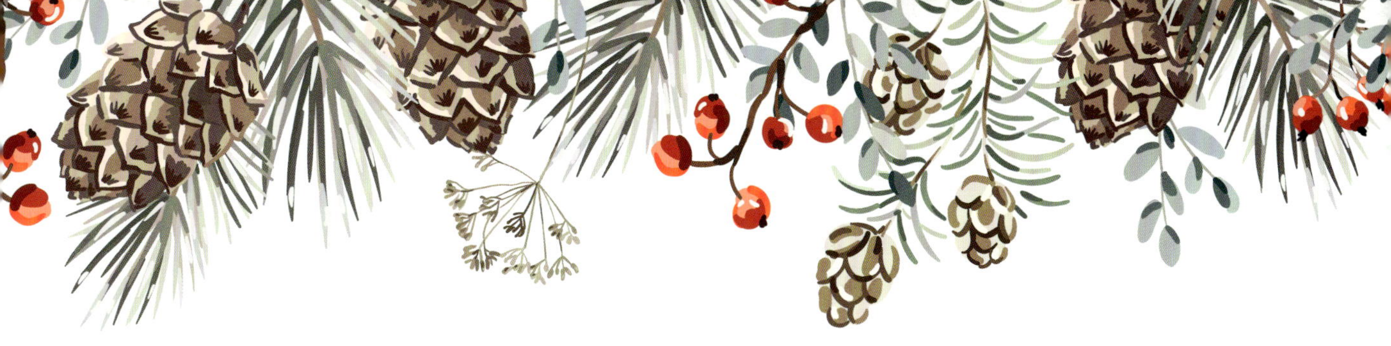

Das sind in der kalten Jahreszeit vorzugsweise immergrüne Pflanzen, meist die auf den vorherigen Seiten beschriebenen. Ihr Vorteil ist – neben der Tatsache, dass sie im Winter überhaupt grün sind – der Umstand, dass sie auch in der warmen Wohnung einige Zeit lang frisch und dekorativ bleiben.
Zur Herstellung von Kränzen gibt es mehrere Möglichkeiten: Man kann Zweige direkt in eine runde Form biegen, miteinander verwinden und evtl. mit Draht fixieren. Oder man nimmt einen Kranzrohling als Basis, die man dann mit schönem Grün verkleidet. Von beiden Varianten gibt es hier hübsche Beispiele.

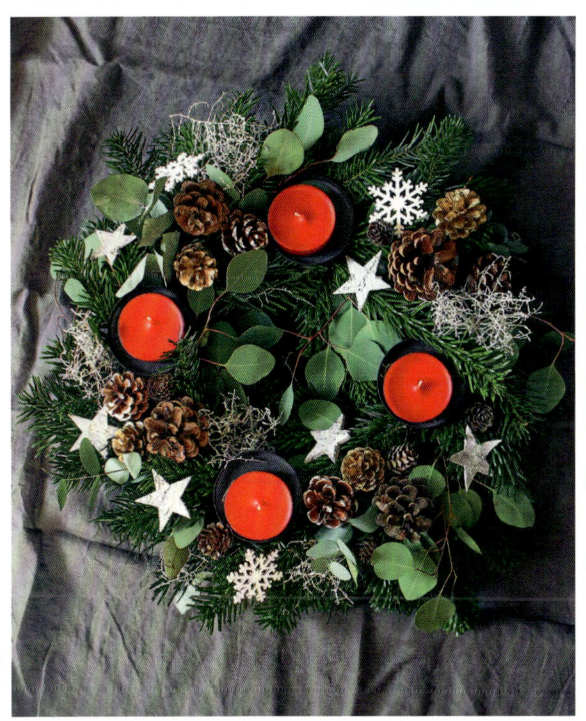

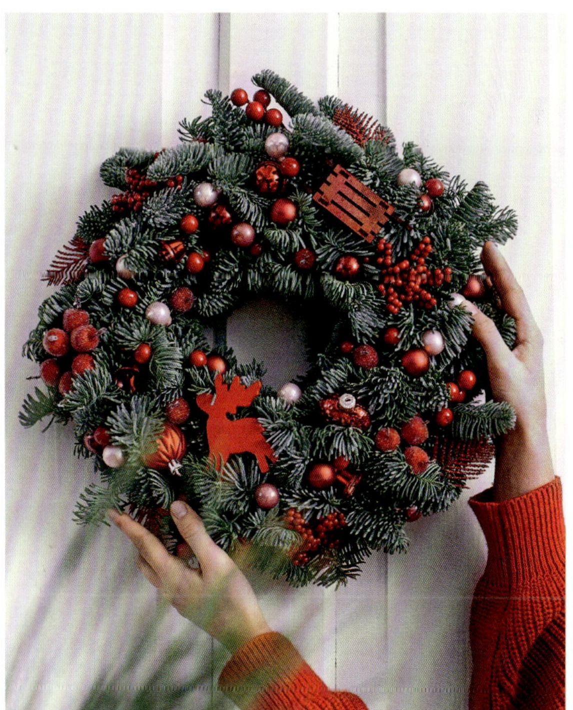

Grundanleitung Kranz binden

Material für einen Kranz

Strohrömer, Kranz aus Weide oder Reisig
Binde- oder Blumendraht
mehrere Zweige Tanne, Kiefer, Thuja etc.
Garten- oder Rosenschere

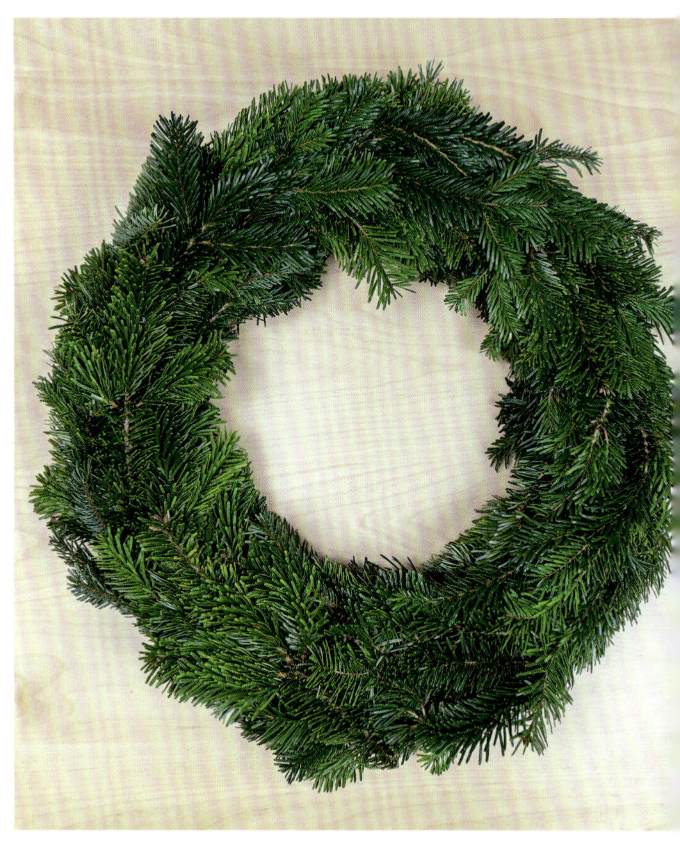

Ob Adventskranz, Türkranz oder als Tischdeko – Kränze binden ist eigentlich ganz einfach.

Zunächst brauchst du eine Unterlage, um die herum du deinen Kranz binden kannst. Meist nimmt man dafür einen Strohrömer, also einen Grundkranz aus Stroh, den es fertig zu kaufen gibt. Als Unterlage eignen sich aber auch aus Weide oder anderen dünnen Zweigen gewundene Kränze. Und in letzter Zeit sieht man häufig Metallringe, die allerdings meist nur zum Teil als Kranz dekoriert werden. Kranzrohlinge sind meist in einem Durchmesser von 24, 30, 35, 40, 50 und 60 cm erhältlich.

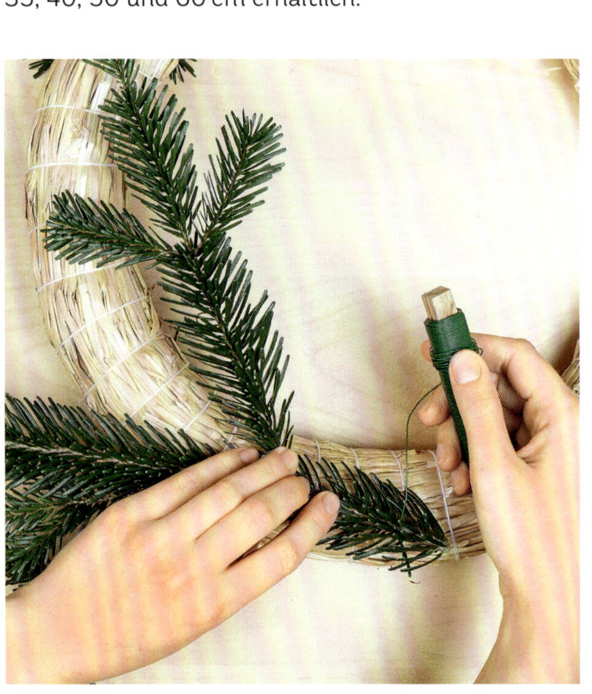

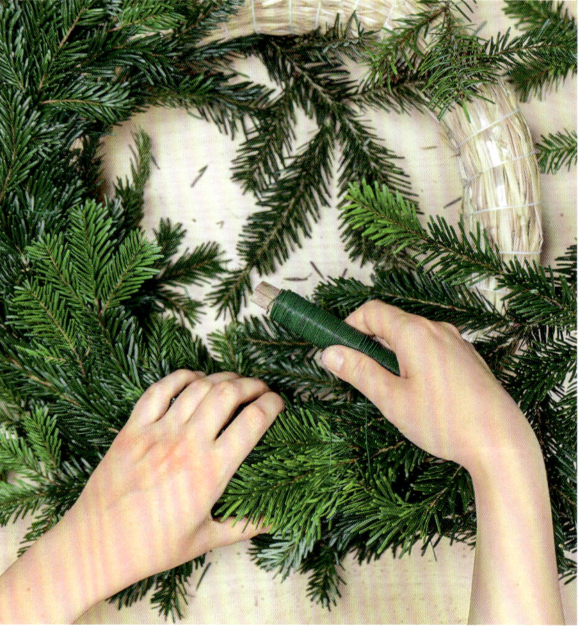

1 Zuerst die grünen Zweige nach Größe sortieren. So findest du später schneller den richtigen Zweig: Beim Binden kommen die großen Zweige nach außen und die kürzesten nach innen.
Zu lange Zweige kannst du jetzt schon kürzen.

2 Den Bindedraht zu einer Schlaufe legen und das Ende um den Draht verdrehen.

3 Den Draht mehrmals um den Strohrömer wickeln, das Ende durch die Schlaufe ziehen und festziehen. Wickle den Draht nun noch zwei- bis dreimal um den Strohrömer, bis er fest sitzt.

4 Den ersten Zweig auf den Römer legen. Halte den Zweig mit der einen Hand fest und wickle mit der anderen den Draht zwei- bis dreimal zusammen um den Römer und den Zweig. Ziehe den Draht fest, bis der Zweig einen guten Halt hat.

5 Dann den zweiten Zweig neben den ersten legen und genauso durch Umwickeln mit dem Draht befestigen. Außen um den Kranz längere Zweige, in der Mitte mittellange und innen kurze Zweige verwenden.

6 Für die nächste Reihe einen Zweig so auf den vorhergehenden legen, dass die Schnittstelle abgedeckt ist. Wieder mit Draht fixieren und so fortfahren, bis der Kranz fast vollständig umwickelt ist. Dabei darauf achten, nur in etwa jeder zweiten Reihe die Zweige bis zur Mitte zu legen, sonst wird der Kranz innen zu dick.

7 Zum Abschluss die Schnittstellen der letzten Zweige unter das Grün der ersten Zweige schieben, sodass man die Schnittstellen nicht sieht. Dann die Zweige wieder mit dem Draht festbinden und das Drahtende sicher verdrehen.

8 Zu lange Zweige an den Schnittenden kürzen. Wenn erforderlich, einige Zweige noch etwas zurecht ziehen.
Falls der Kranz aufgehängt werden soll, ein Stück Draht auf der Rückseite des Kranzes durch mehrere Drahtschlingen ziehen und die Enden verdrehen. Fertig ist der Aufhänger.

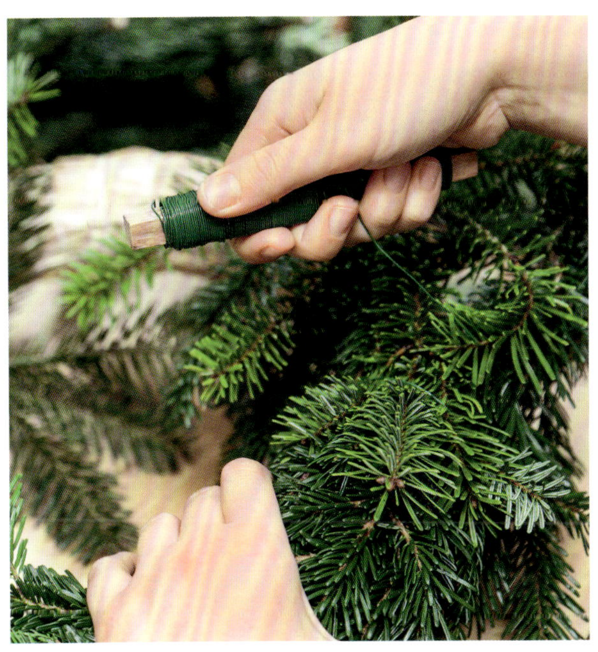

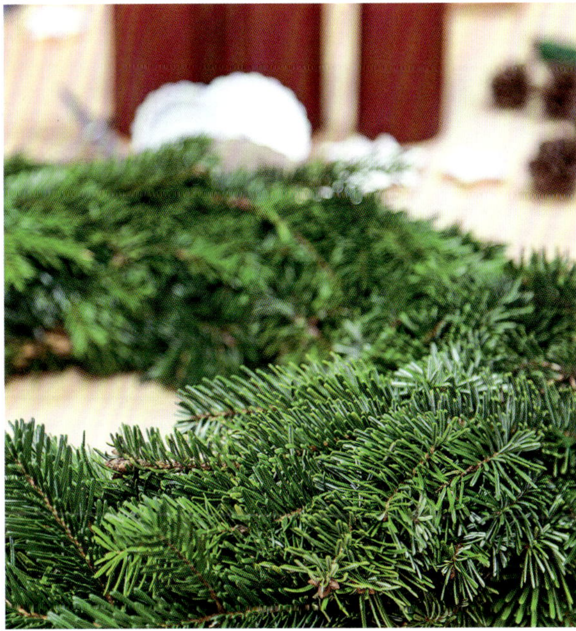

Tipps:

- Wenn dein Kranz nach einiger Zeit nicht mehr schön ist, musst du den Strohrömer darunter nicht wegwerfen. Wickle einfach den Draht wieder ab und entferne die vertrockneten Zweige. Dann kannst du den Römer wiederverwenden!
- Wenn du lange Zweige durchschneiden möchtest, achte darauf, dass auch der untere Teil in einer schönen Spitze endet.
- Lasse die ersten Zweige etwas länger, sodass du später einen schönen Übergang von den ersten zu den letzten Zweigen bekommst. Kürzen kannst du später immer noch.

Wichtig:

- Stelle sicher, dass die Materialien, die du in deinem Garten oder in der Natur gesammelt hast, sauber, trocken und frei von Ungeziefer sind.
- Damit du Beeren, Blüten und Zweige gut in deinen Kranz einbinden kannst, schneide sie nicht zu kurz ab.
- Regelmäßiges Besprühen mit Wasser aus einer Sprühflasche verlängert die Haltbarkeit, besonders bei trockener Heizungsluft in Wohnräumen.

Materialangaben:

Weil die in diesem Buch gezeigten Kränze, Gestecke und andere grüne Deko aus Naturmaterialien bestehen, kann natürlich die Menge des benötigten Materials variieren. Naturfunde sind ganz individuell, und Tannenzweige, dekorative Ästchen etc. sind im Handel in unterschiedlichsten Größen erhältlich. Probiere einfach aus, wie viel du brauchst.

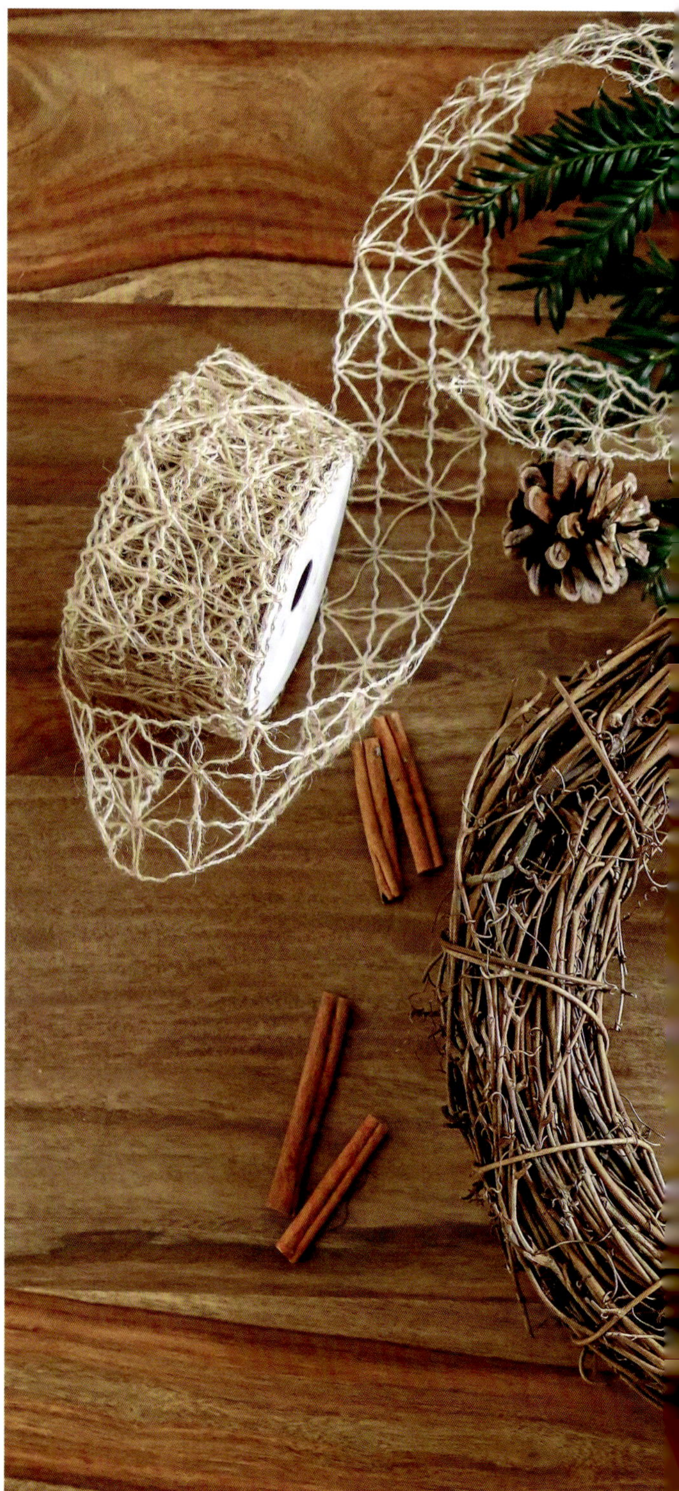

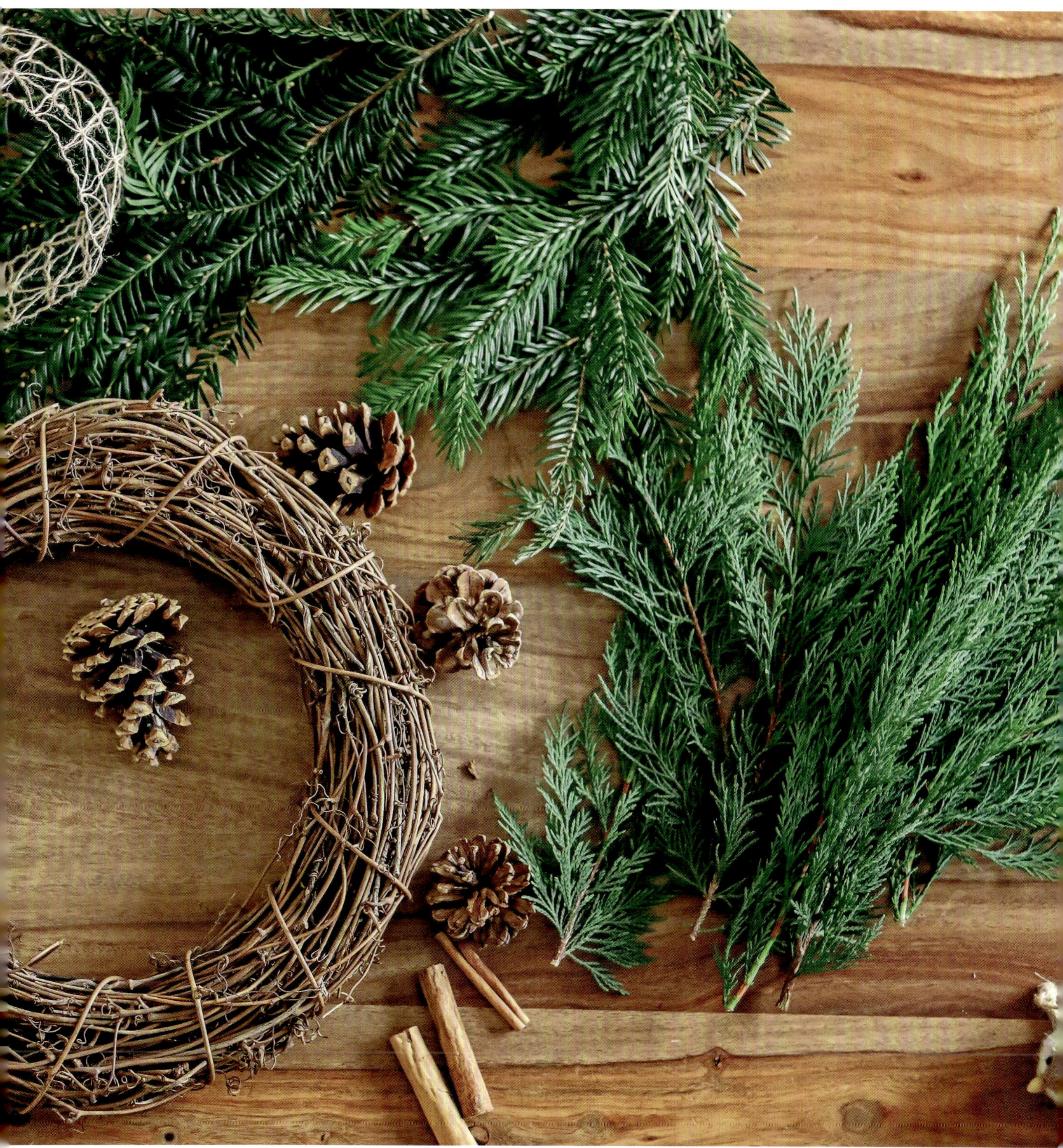

Adventskranz mit Eukalyptus

Material

Kranzrohling Eibe
(oder selbst gebundener
Kranz, siehe S. 22 ff.)

2–3 Zweige Eukalyptus

Trockenflechte

14–15 Kiefernzapfen
(unterschiedlich groß)

4 Steck-Teelichthalter

4 Teelichte (rot)

6–8 Sterne aus Birkenrinde

3–4 Deko-Schneeflocken
aus Holz

Blumendraht

Bindedraht

Heißklebepistole

Gartenschere

Ein stimmungsvoller Adventskranz gehört zu den Klassikern mit Wintergrün. Entweder greift man dafür auf einen fertig gebundenen Kranzrohling aus Eibe zurück, oder man bindet nach der Grundanleitung seinen Kranz selbst.

Dann werden die Adventskerzen platziert. Hierfür die Teelichthalter wie abgebildet mit gleichmäßigen Abständen im Kranz feststecken.

Die Kiefernzapfen unten mit einem kleinen Klecks Heißkleber versehen und sofort auf den Kranz drücken. Hübsch sieht es aus, wenn man unterschiedlich große Zapfen zu kleinen Gruppen zusammensetzt.

Von den Eukalyptuszweigen mit der Drahtschere kleinere Ästchen abschneiden. Die Astenden vorsichtig mit Blumendraht umwickeln und das Drahtende in den Kranz stecken. Auch das Innere des Kranzes dabei nicht vergessen!

In die noch vorhandenen Zwischenräume die Trockenflechte, die Sterne aus Birkenrinde sowie die Schneeflocken setzen und mit einem Tupfer Heißkleber fixieren. Zum Schluss die Teelichte – hier in klassischem Rot – in die Teelichthalter setzen.

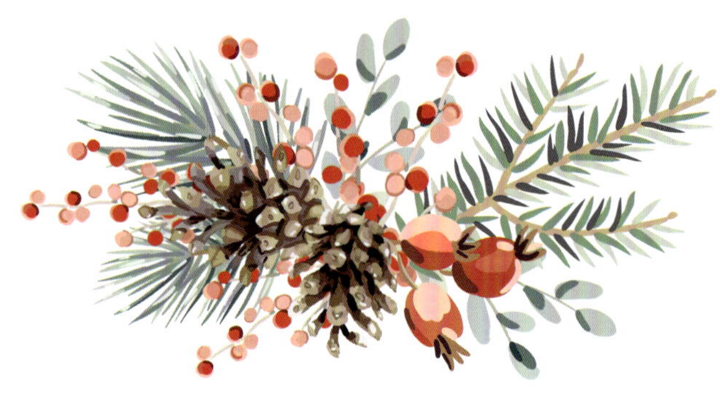

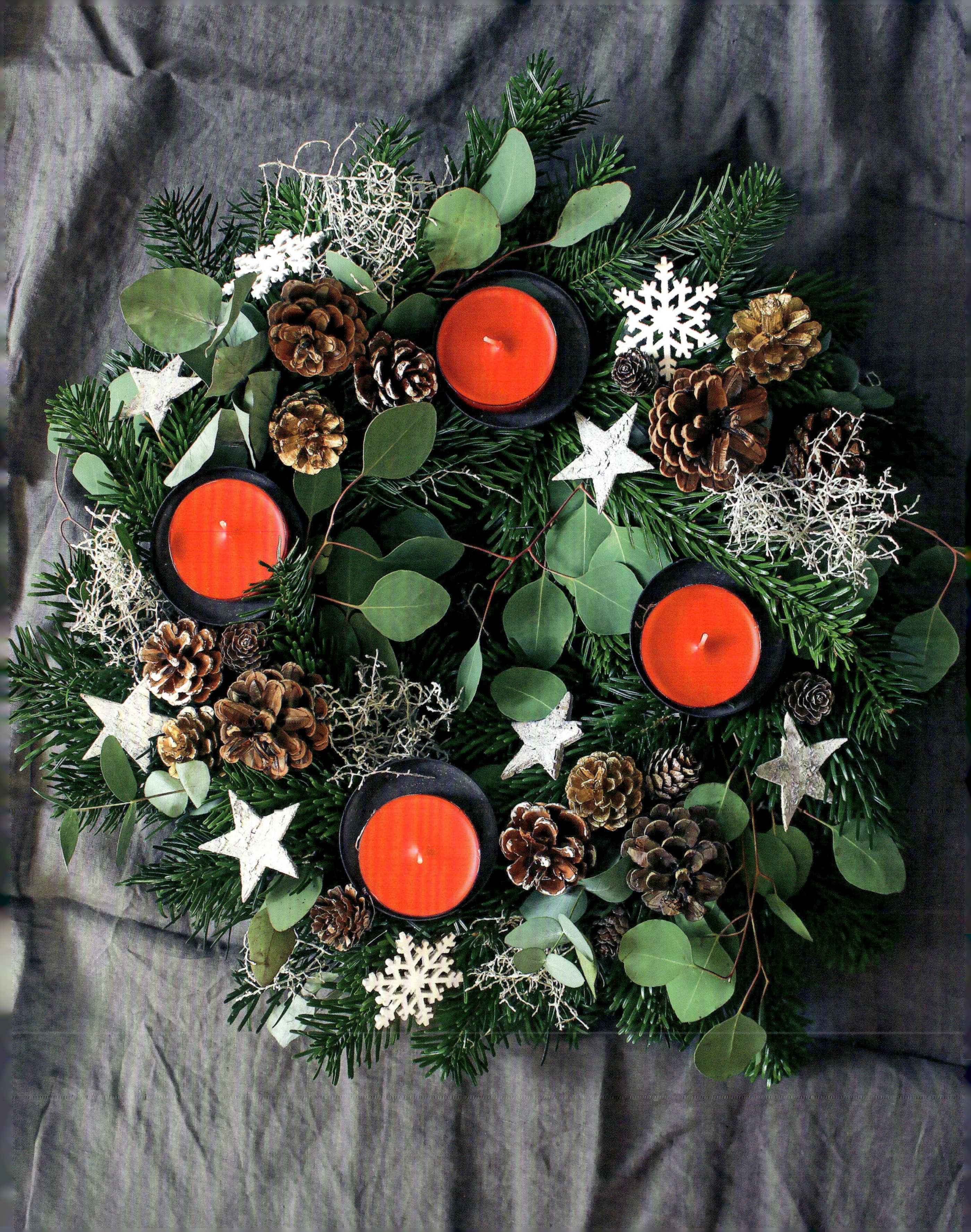

Kranz mit Baumwollblüten

Material

Kranzrohling Blautanne (oder selbst gebundener Kranz, siehe S. 22 ff.)

10 Kiefernzapfen

3–4 Zweige Reisig

4–5 Baumwollblüten

4–5 Pflanzenkapseln

12 Deko-Perlen (Ø ca. 2 cm, weiß metallic)

2 Deko-Rattankugeln (weiß)

Blumendraht

Bindedraht

Heißklebepistole

Gartenschere

Dieser Tannenkranz macht sich mit seinen sanften Naturtönen sowohl als Tür- als auch als Deko-Kranz ausgesprochen gut. Außerdem ist er lange haltbar.

Für den Kranz einen fertigen Kranzrohling aus Blautanne verwenden oder der Grundanleitung für einen selbst gebundenen Kranz folgen.

Die Kiefernzapfen mit einem Klecks Heißkleber auf ca. zwei Drittel des Kranzes zwischen den Tannenzweigen festkleben. Dann die Pflanzenkapseln und die Rattankugeln ebenfalls mit ein wenig Heißkleber versehen und zwischen den Zapfen und Kugeln am Kranz fixieren.

Die Baumwollblüten an den kurzen Stielen andrahten und in den Kranz stecken. Ebenso mit den Deko-Perlen verfahren.

Zum Schluss den Reisig leicht gebogen mit etwas Draht im Uhrzeigersinn rundherum auf dem Kranz festdrahten.

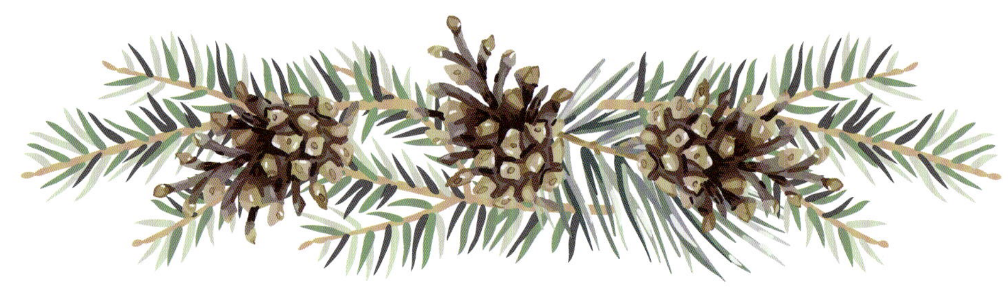

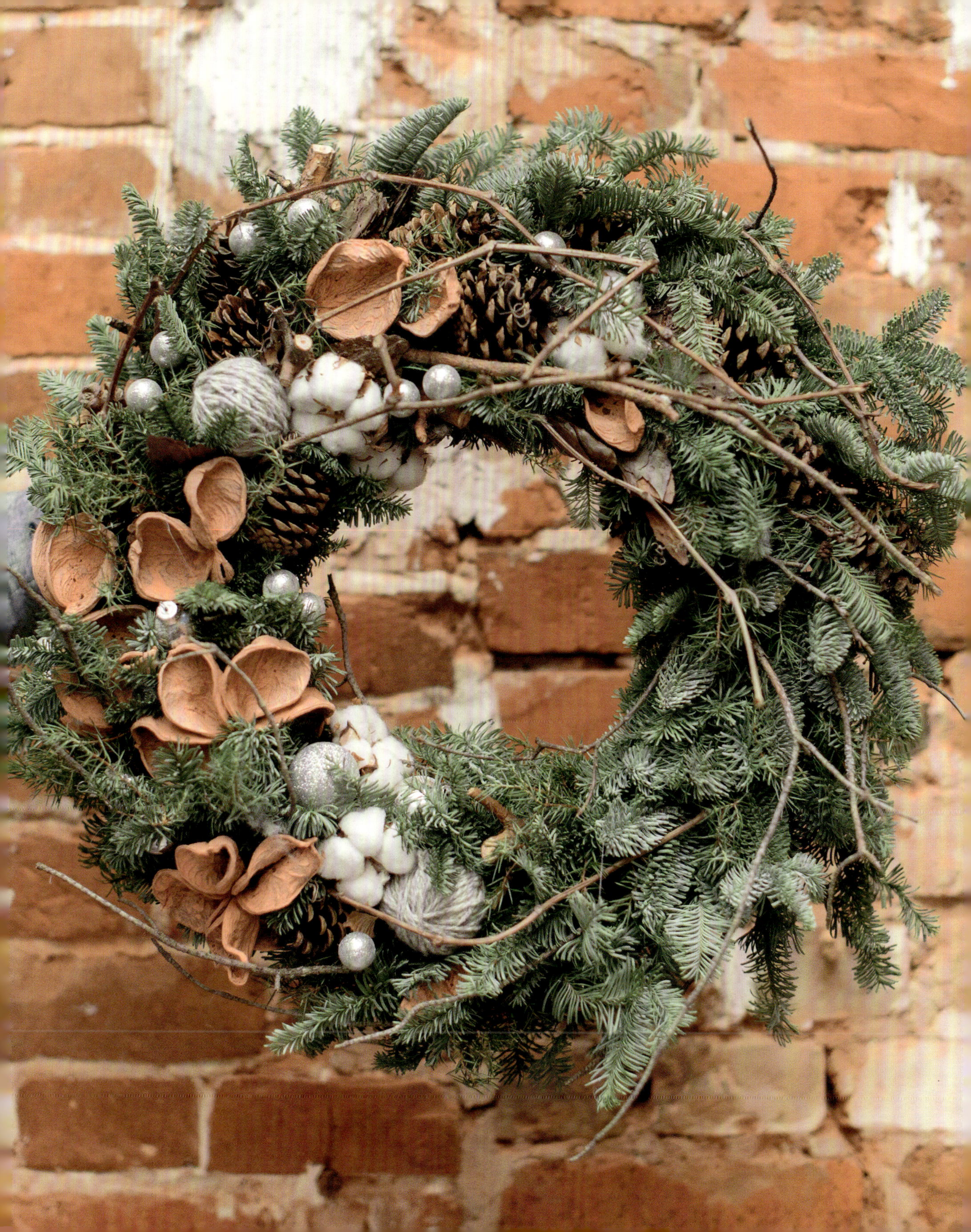

Kranz mit Ilex

Material

Stroh-Kranzrohling

3 Zweige Blautanne

3 Zweige Kiefer

3 Zweige Olivengrün

3 kleine Zweige Ilex mit roten Beeren

3 Baumwollblüten

8 Anissterne

Blumendraht

Bindedraht

Heißklebepistole

Gartenschere

Ein Kranz mit Ilex und duftigen Baumwollblüten ist ein haltbarer und farbenfroher Blickfang an der Tür und heißt in der Weihnachtszeit die Besucher herzlich willkommen.

Da für den Kranz unterschiedliches Wintergrün verwendet wird, bietet es sich hier an, einen Kranzrohling aus Stroh als Unterlage zu verwenden. Er gibt dem fertigen Kranz den nötigen Halt.

Die Zweige von Tanne und Kiefer sowie Olivengrün zuerst mit der Gartenschere zurechtschneiden, zu kleinen Bündeln zusammenlegen und dann mit dem Blumendraht abwechselnd dicht an dicht um den Kranz legen.

Zu dem dunklen Wintergrün passt wunderbar Ilex mit seinen leuchtend roten Beeren. Auch hier die Zweige am Stielende mit Draht umwickeln und im Kranz feststecken.

Zum Schluss mit dem Heißkleber die Baumwollblüten und für den Duft die Anissterne befestigen.

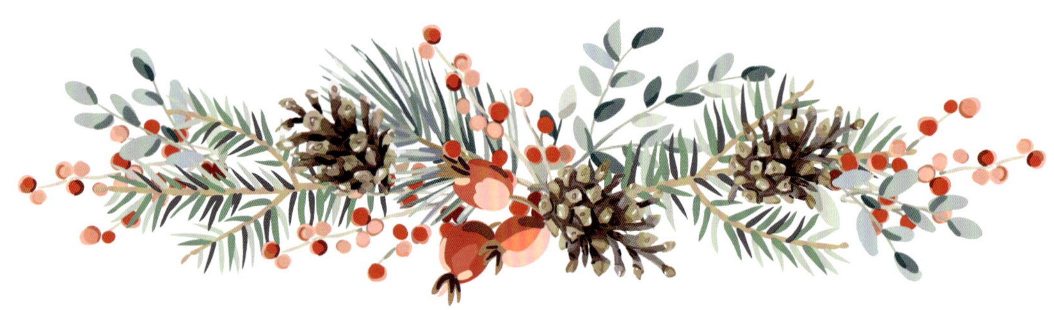

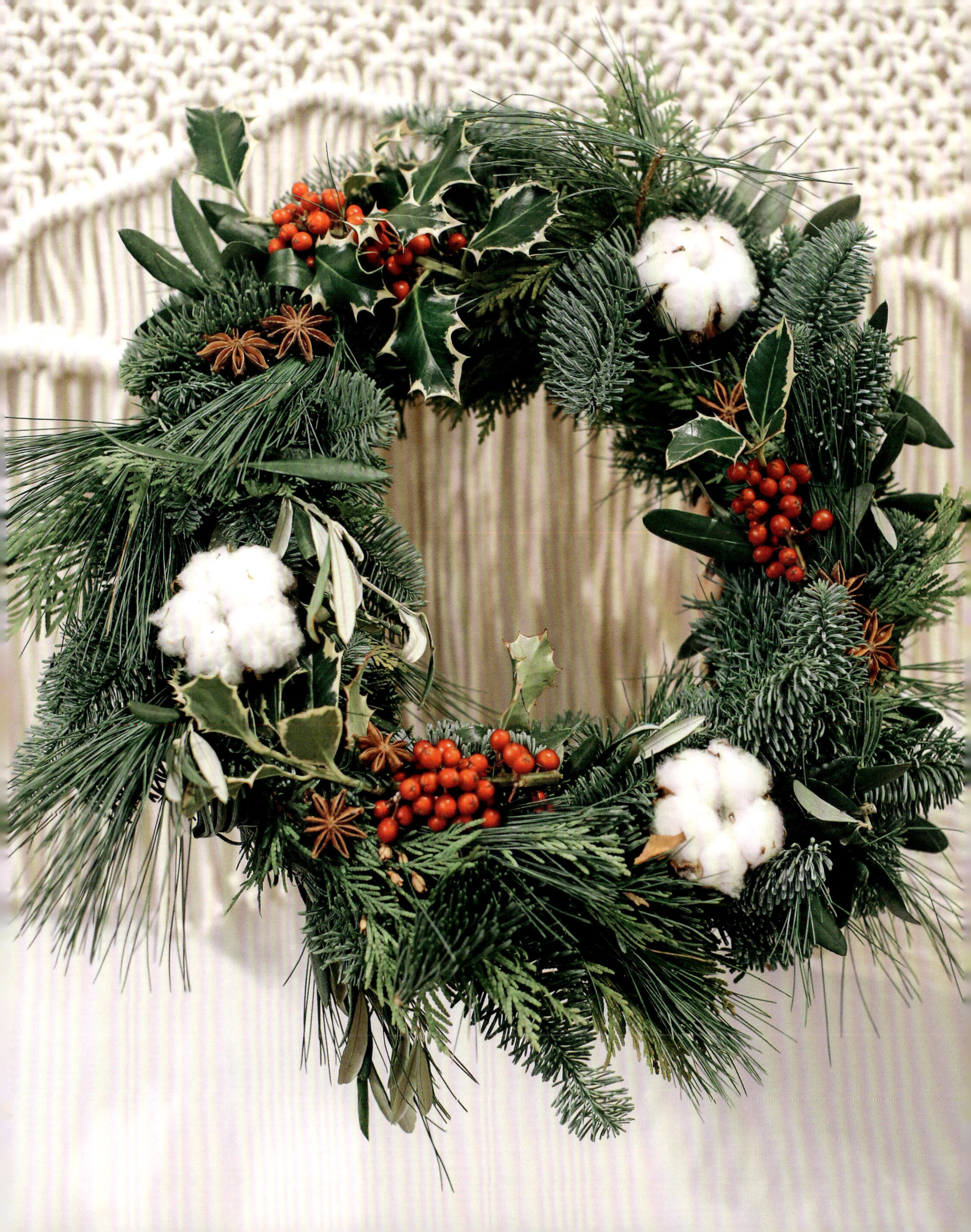

Großer Deko-Kranz

Material

Großer Stroh-Kranzrohling
6–8 Zweige Blautanne
4 Zweige Kiefer mit sehr langen Nadeln
4 Zweige Thuja
4 Zweige Eukalyptus (großblättrig)
2–3 Baumwollblüten
6–8 Kiefernzapfen
6–8 Anissterne
6 Zweige Skimmie
1 Deko-Stern aus Holz
1 Lotusblütenkapsel
3 exotische Pflanzenkapseln

Blumendraht
Bindedraht
Heißklebepistole
Gartenschere

Dieser große Deko-Kranz mit Blütenkapseln und Skimmie kann mit seinen natürlichen Deko-Elementen auf zusätzliche Schleifen gänzlich verzichten. Auch bei diesem Kranz dient ein Strohkranz als Unterlage.

Die verschiedenen Zweige von Wintergrün und Skimmie mit der Gartenschere zurechtschneiden und gemäß der Grundanleitung auf den Kranz binden. Dabei darauf achten, dass sich Blautanne, Kiefer, Thuja, zartes Eukalyptusgrün und Skimmie abwechseln.

Anschließend mit Heißkleber die verschiedenen Blütenkapseln, Kiefernzapfen, Baumwollblüten und den Holzstern am Kranz befestigen.

Hübsch sieht es aus, wenn man die verschiedenen Naturmaterialien in kleineren Gruppen anordnet. Abschließend die Anissterne festkleben.

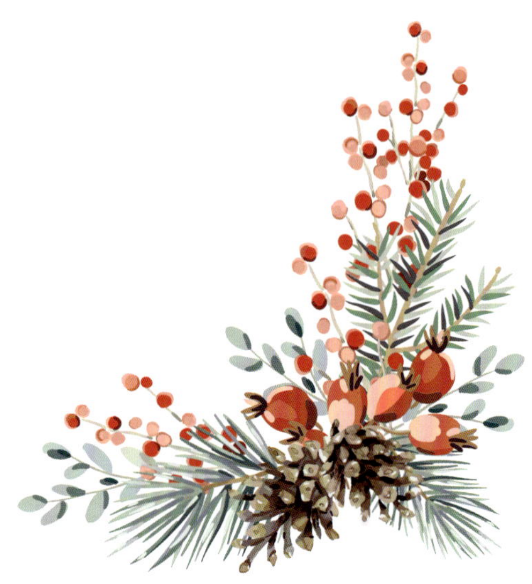

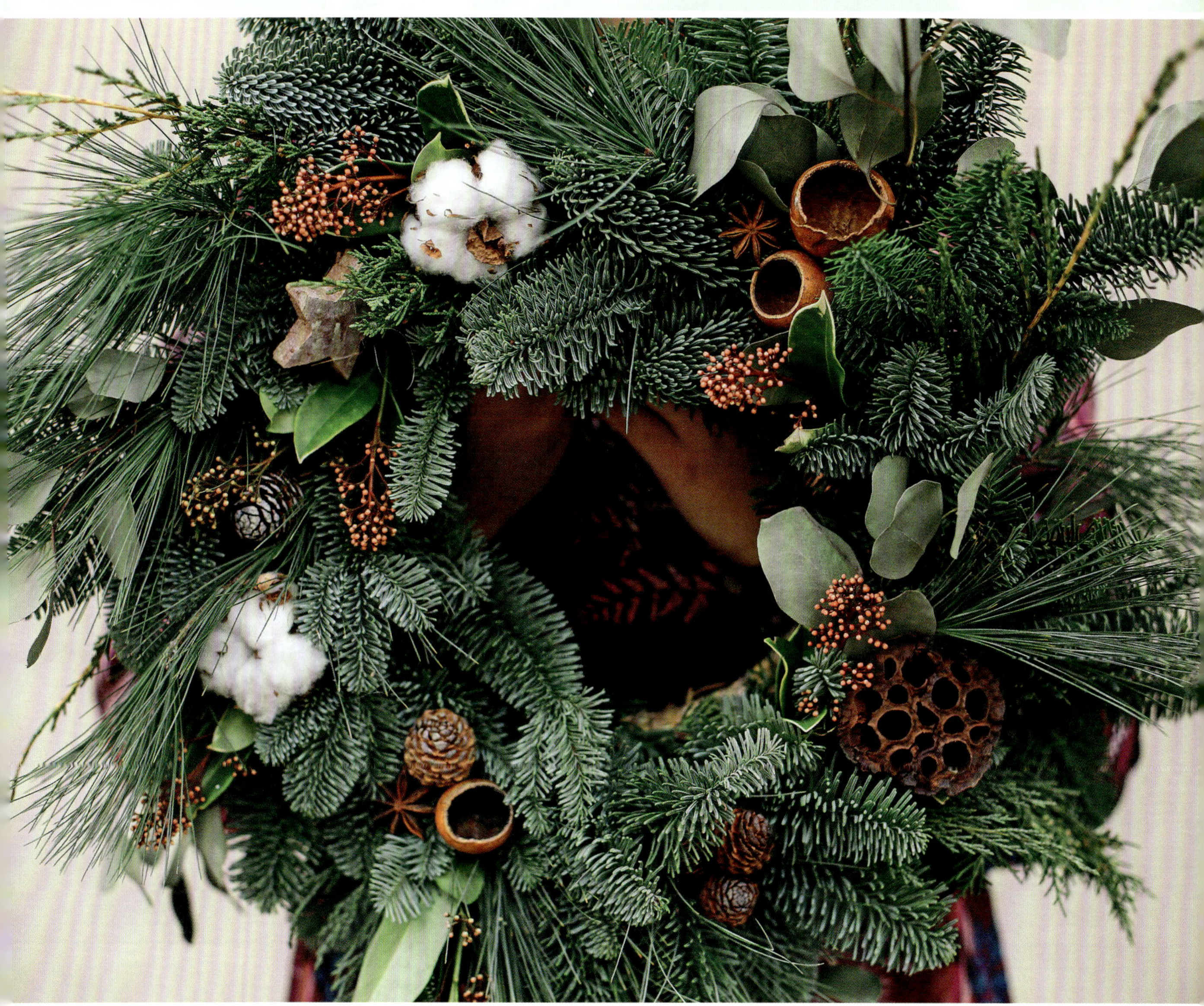

Edler Adventskranz

Material

Kranzrohling Tanne (oder selbst gebundener Kranz, siehe S. 22 ff.)

10 Walnüsse

10 Mini-Christbaumkugeln (weiß metallic)

10 Deko-Perlen (Ø ca. 2 cm, weiß)

12 Kiefernzapfen

4 Stumpenkerzen (cremeweiß)

Kerzenstecker aus Metall

Buntlack- oder Acrylspray (hellgrün metallic und silber)

10 Skimmieblätter

8 Disteln Orion Star

Blumendraht

Bindedraht

Heißklebepistole

Gartenschere

Dieser dekorative Adventskranz wirkt durch seine edle Farbgebung und ist zeitlos schön.

Am Vortag am besten draußen die Walnüsse und kleinen Kiefernzapfen mit dem Acrylspray besprühen und trocknen lassen. Vor dem Sprühen den Boden zum Schutz z. B. mit Zeitung auslegen.

Für den Tannenkranz entweder einen fertig gebundenen Kranzrohling verwenden oder den Kranz gemäß der Grundanleitung selbst binden.

Die Kerzenstecker im Kranz feststecken und anschließend die Kugeln, Deko-Perlen, Walnüsse, Zapfen und Zierdisteln mit dem Heißkleber festkleben. Zwei bis drei Skimmieblätter an den kurzen Stielen zu kleinen Blätterbündeln zusammendrahten und mit den Drahtenden in den Kranz stecken.

Tipp: Bei den Kerzen auf einen festen Stand achten. Kerzen grundsätzlich nie unbeaufsichtigt brennen lassen!

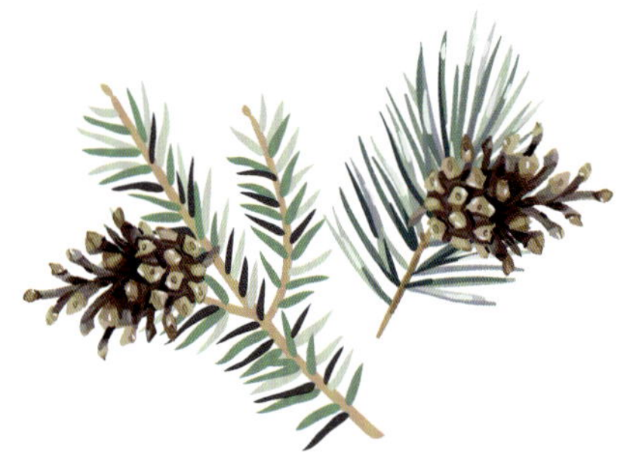

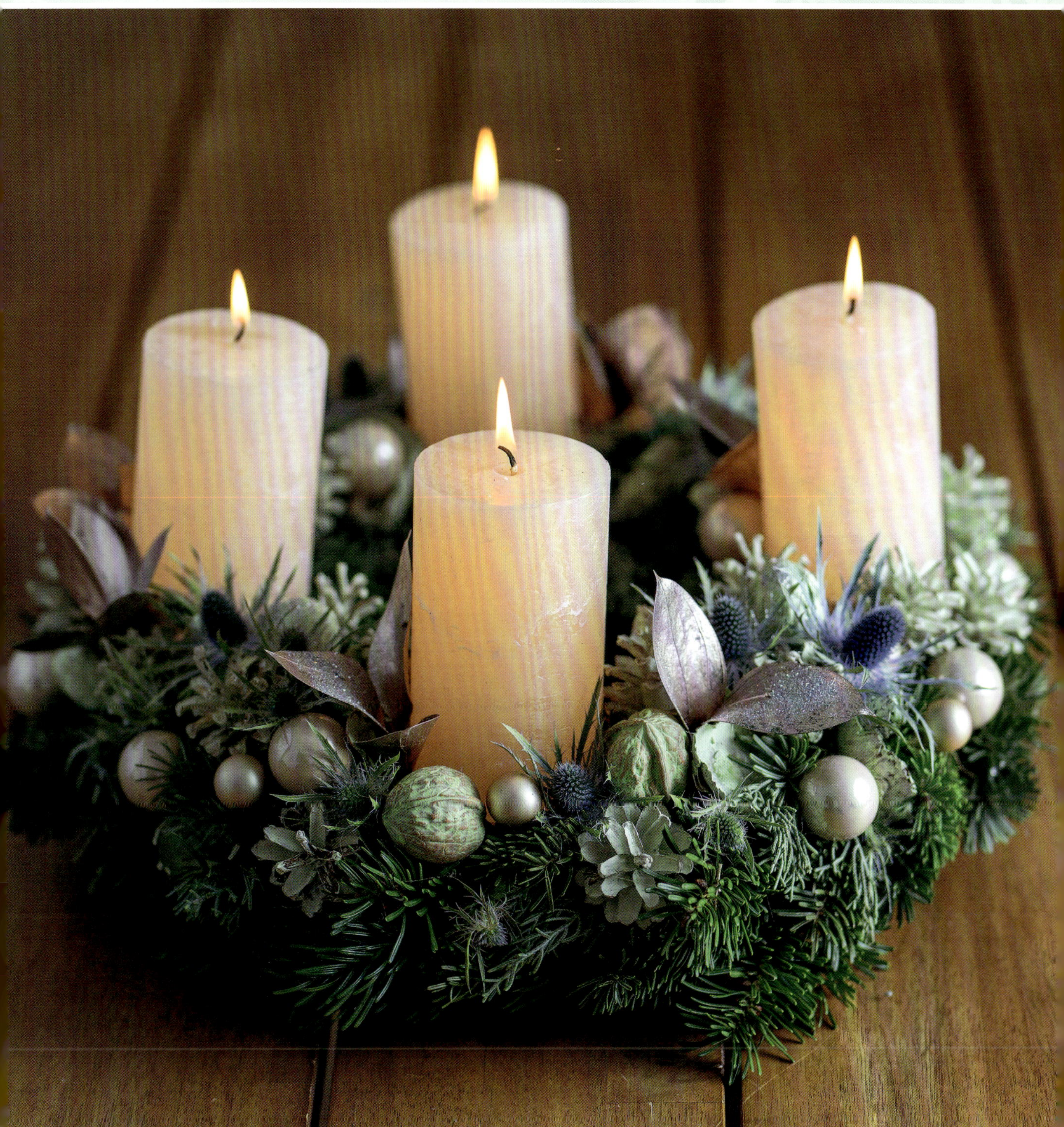

Festlicher Kranz

Material

Kranzrohling Tanne
(oder selbst gebundener
Kranz, siehe S. 22 ff.)

3–4 Zweige Kiefer

2 Deko-Samtblätter,
rund (rot)

2 Gummibaumblätter,
getrocknet

3 Zweige Strandflieder

1 Zweige Eukalyptus

3–5 Kiefernzapfen

2 Pflanzenkapseln (rot)

Acrylspray (weiß)

15 Christbaumkugeln
(unterschiedliche Rot-
und Rosétöne und Größen,
matt und glänzend)

5 Mini-Christbaumkugeln
(gold)

Blumendraht

Bindedraht

Heißklebepistole

Gartenschere

Die Farben Dunkelgrün und Rot sind zur Weihnachtszeit ein absoluter Klassiker. Bei diesem Kranz ist die Kombination verschieden großer Kugeln besonders dekorativ.

Für den Kranz selbst entweder einen fertig gebundenen Kranz aus Tanne verwenden und mit Kiefer ergänzen oder den Kranz gemäß der Grundanleitung selbst binden.

Am Vortag die Kiefernzapfen mit dem Acrylspray besprühen und trocknen lassen. Das macht man am besten draußen und schützt den Boden z. B. durch eine Lage Zeitung.

Die unterschiedlich großen Christbaumkugeln jeweils am Aufhänger andrahten und in den Kranz stecken. Ebenso mit den am Vortag weiß gesprühten Kiefernzapfen verfahren. Alternativ kann man die Zapfen auch ankleben.

Die Gummibaumblätter an den Stielenden mit Heißkleber betupfen und am Kranz festkleben. Zum Schluss die Stiele der kleinen Eukalyptuszweige und des duftigen Strandflieders vorsichtig zwischen das Tannengrün schieben.

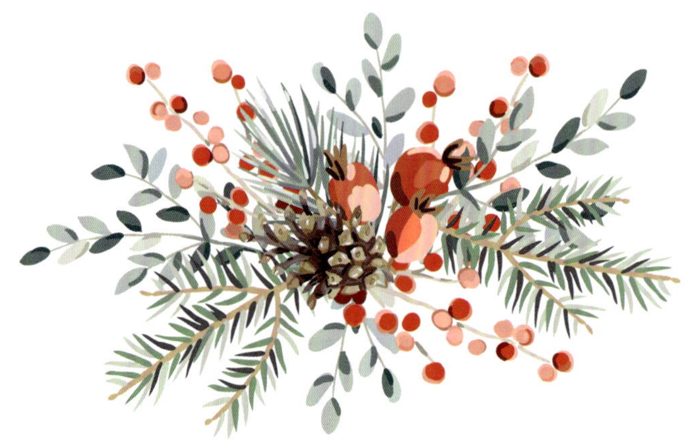

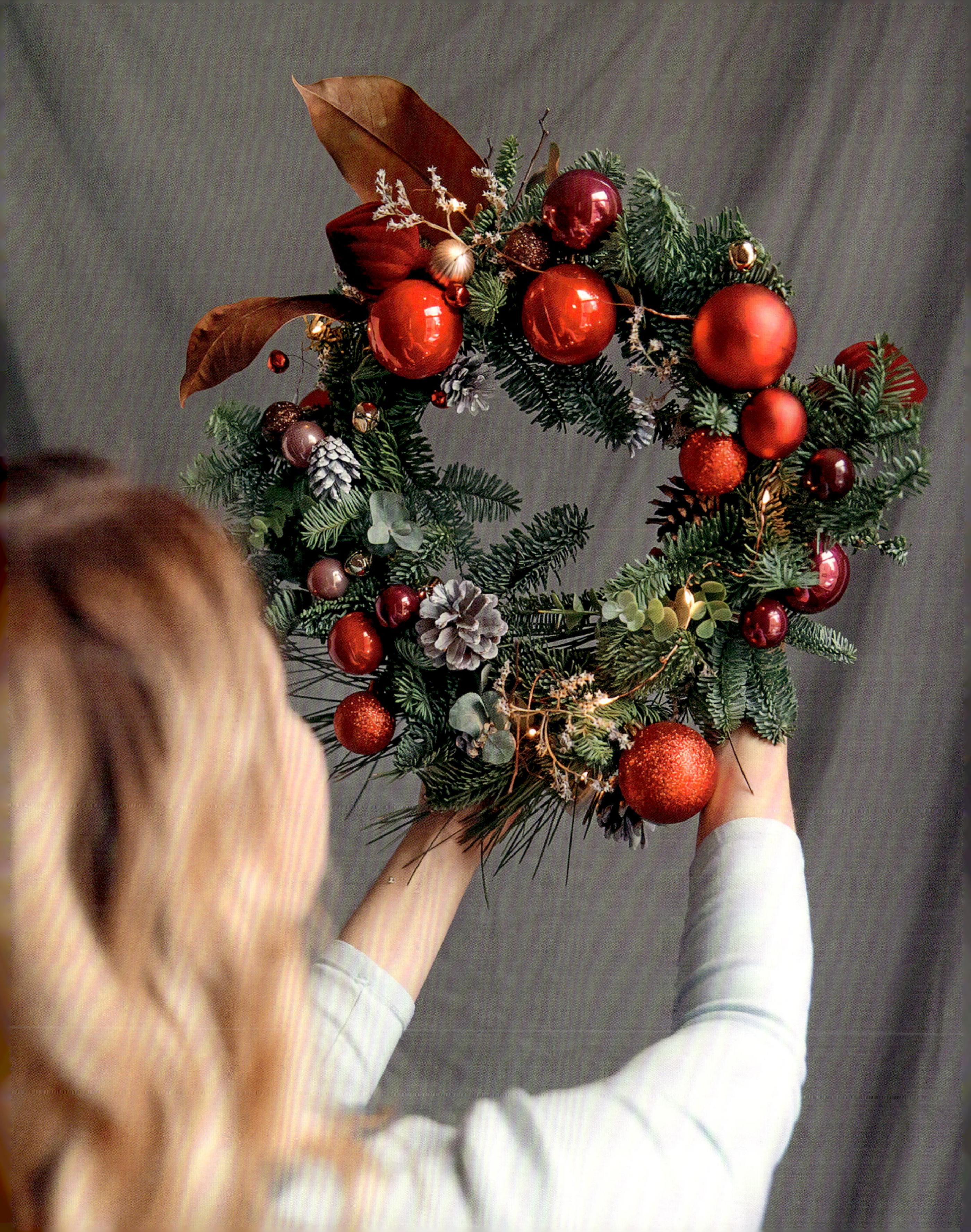

Fröhlicher Türkranz in Rot

Material

Kranzrohling Blautanne
(oder selbst gebundener
Kranz, siehe S. 22 ff.)

3 Zweige Ilexbeeren

4 Zweige Deko-Äpfel
(rot, gefrostet)

10 Mini-Christbaumkugeln
(rot metallic)

10 Mini-Christbaumkugeln
(creme metallic)

10 Mini-Christbaumkugeln
(pink & rosa metallic)

8 Mini-Deko-Äpfel
(rot, gefrostet)

15 Mini-Deko-Beeren (rot)

4 Deko-Tannenzweige (rot)

1 Deko-Palette (rot)

1 Filz-Elch (rot)

2 mittelgroße
Christbaumanhänger
(z. B. Kugel oder Herz)

Blumendraht

Bindedraht

Heißklebepistole

Gartenschere

Hier heißt ein kleiner Filz-Elch den Besucher bereits an der Haustüre willkommen. Bei einem solch fröhlichen Anblick bekommt jeder sofort gute Laune.

Ein Kranz aus Blautanne bildet die Grundlage für die vielen kleinen Kugeln, die mit Heißkleber auf den Tannenzweigen fixiert werden. Es ist wichtig, darauf zu achten, die Rot- und Rosétöne dabei abwechselnd zu setzen. Mit dem Heißkleber werden auch die Mini-Deko-Äpfel angebracht.

Die Ilexbeeren mit Blumendraht umwickeln und dann im Kranz feststecken. Die kleinen Deko-Tannenzweige werden zwischen die grünen Tannenzweige gesteckt.

Zum Schluss noch den Filz-Elch und die Holzpalette rückseitig mit einem Tupfer Heißkleber versehen und am Kranz gegenüberliegend anbringen.

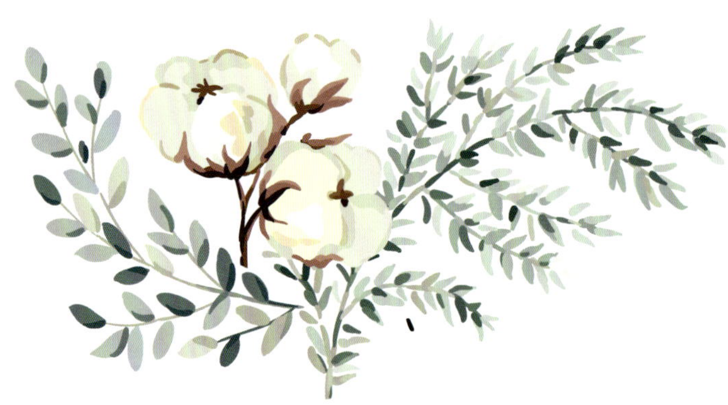

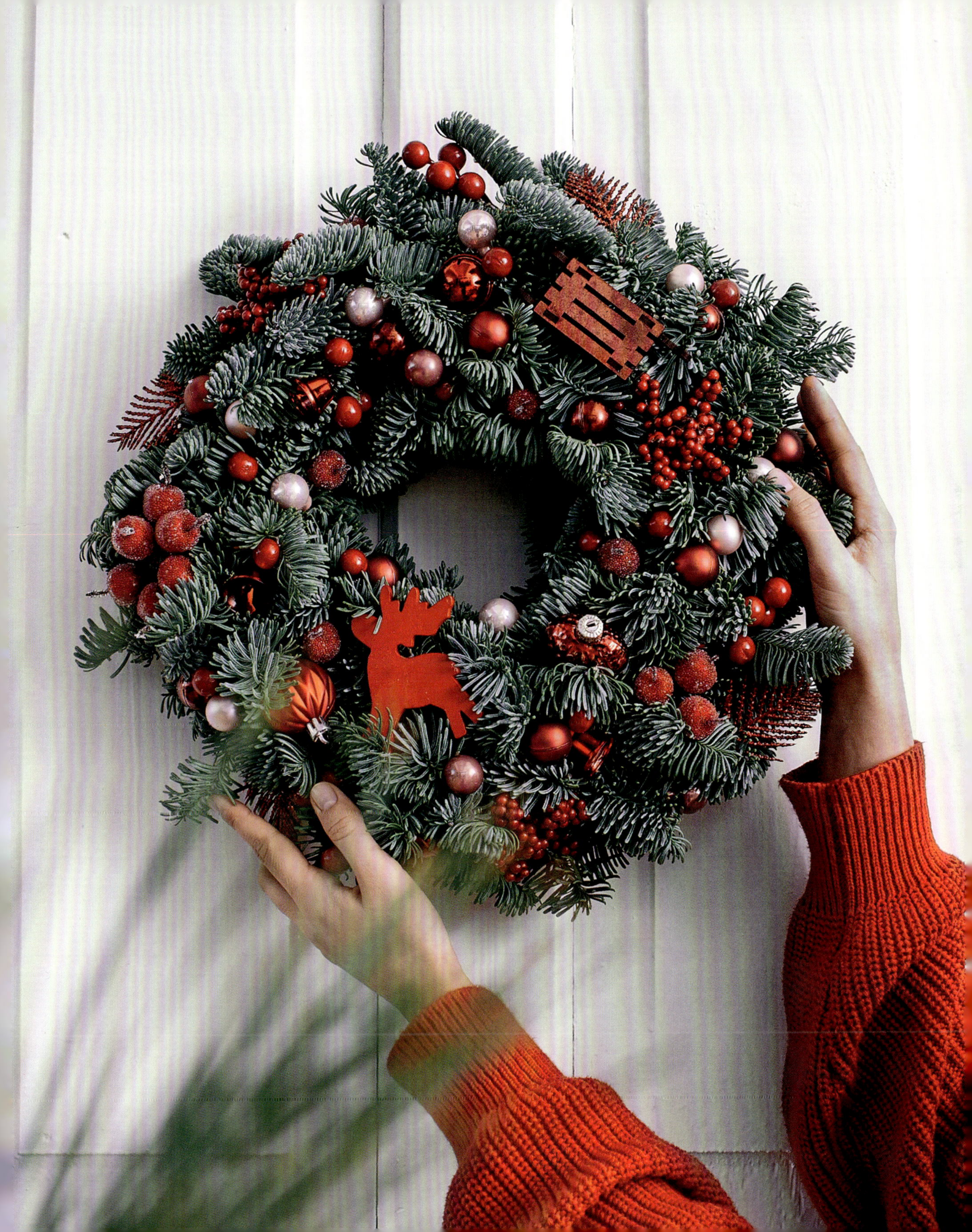

Zierlicher Eukalyptus-Kranz

Material

1 Zweig Eukalyptus, großblättrig

1 Zweig Eukalyptus, fedrig

2 Zweige Vogelbeeren (oder andere dekorative rote Beeren)

Blumendraht

Bindedraht

Gartenschere

Als Grundlage dient hier ein einzelner, großblättriger Eukalyptuszweig ohne viele Verästelungen. Diesen Zweig zu einem Kreis biegen und an den Enden mit Bindedraht fest verdrahten.

Um diesen ersten Zweig nun den fedrigen Eukalyptuszweig schlingen und mit Bindedraht fixieren.

Zum Schluss die Vogelbeeren mit dem Bindedraht am Eukalyptuskranz fixieren. Sie setzen kleine rote Farbtupfer in dem dunklen Wintergrün und bilden dazu einen hübschen Farbkontrast.

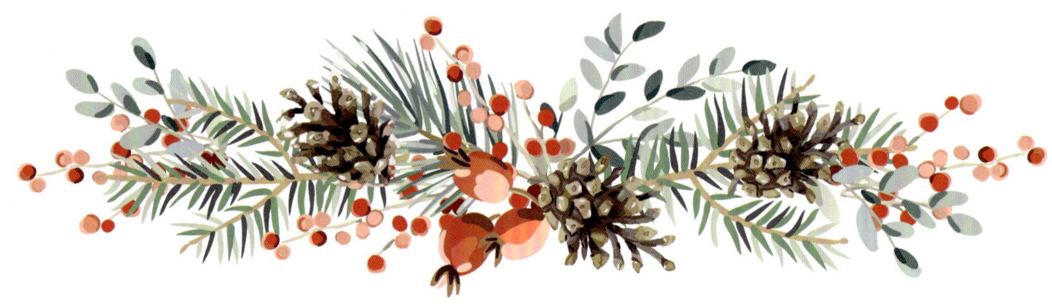

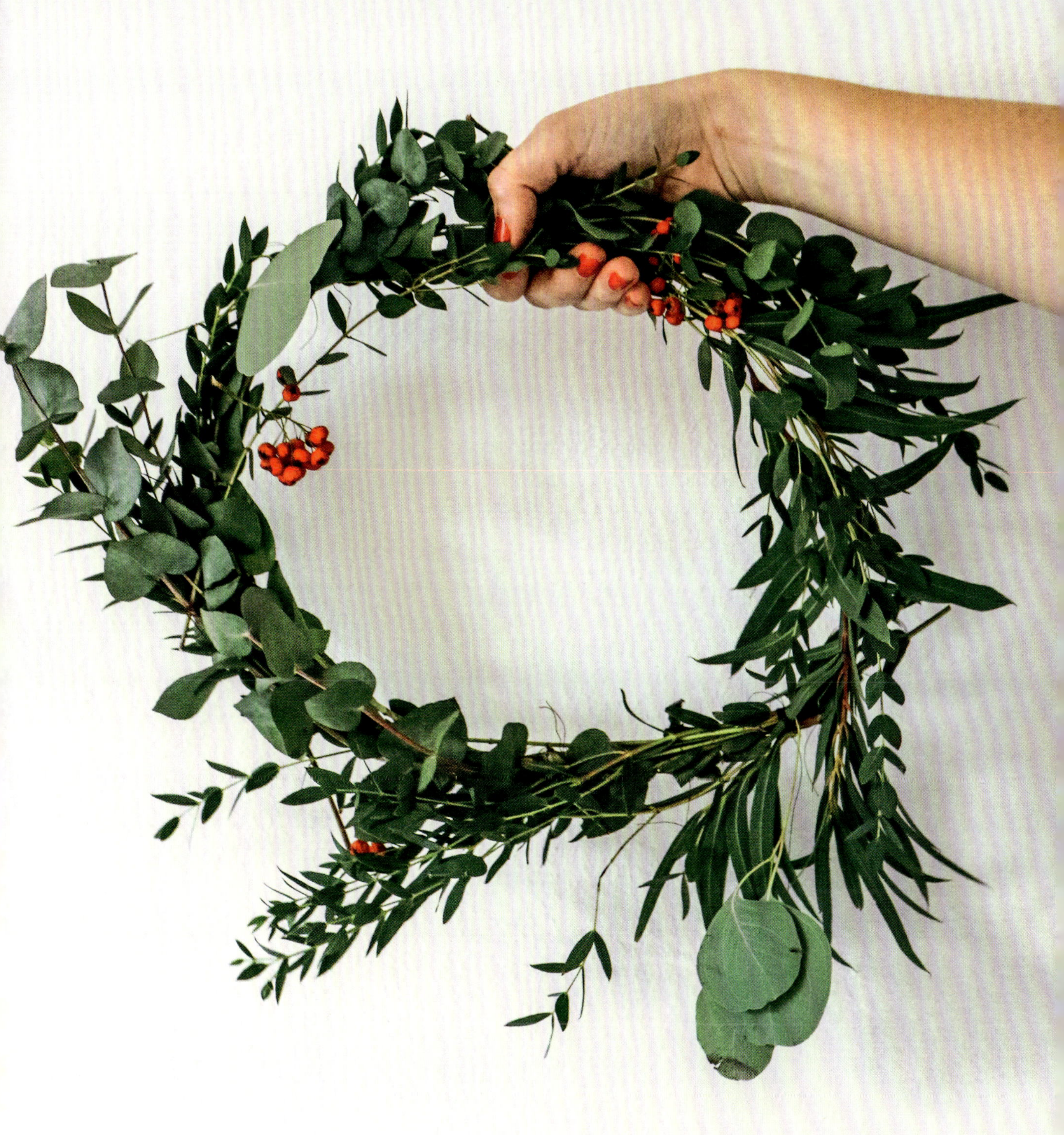

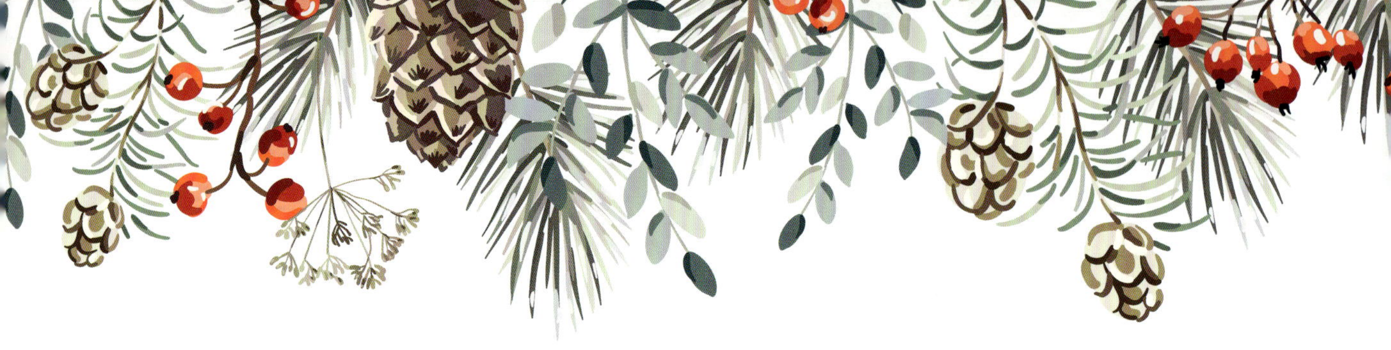

Kranzgestecke

Meist etwas zierlicher und schlichter kommen Kranzgestecke daher. An einem Unterbau – das kann ein Kranzrohling oder ein Ring aus Holz oder Metall sein – werden beispielsweise immergrüne Zweige dekorativ angebunden. Dabei bleibt der Unterbau sichtbar und wird nicht ganz vom Grün umschlossen. Dies macht die oft etwas modernere Optik eines Kranzgesteckes aus.

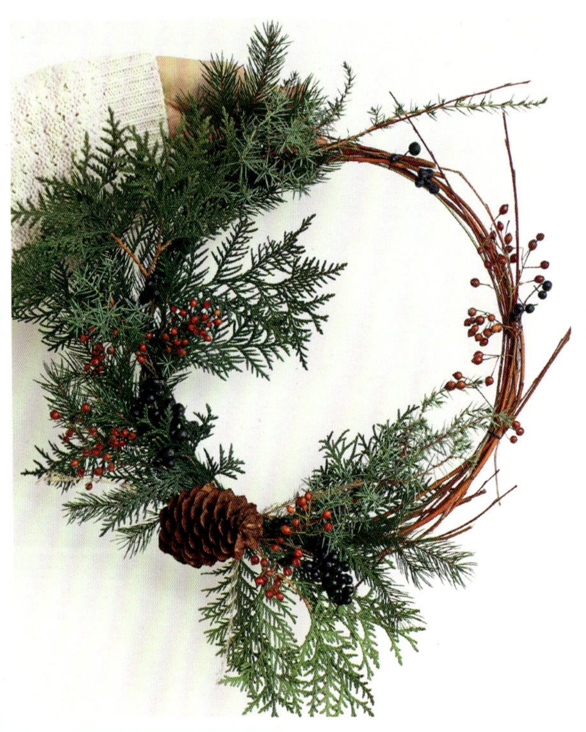

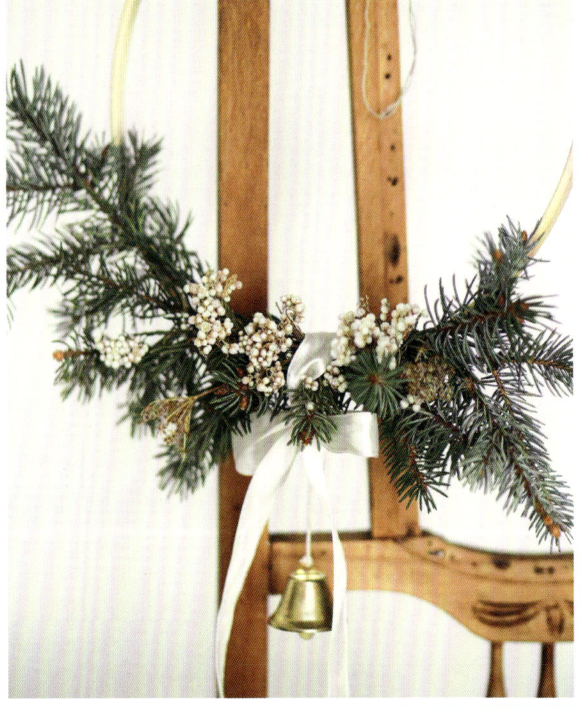

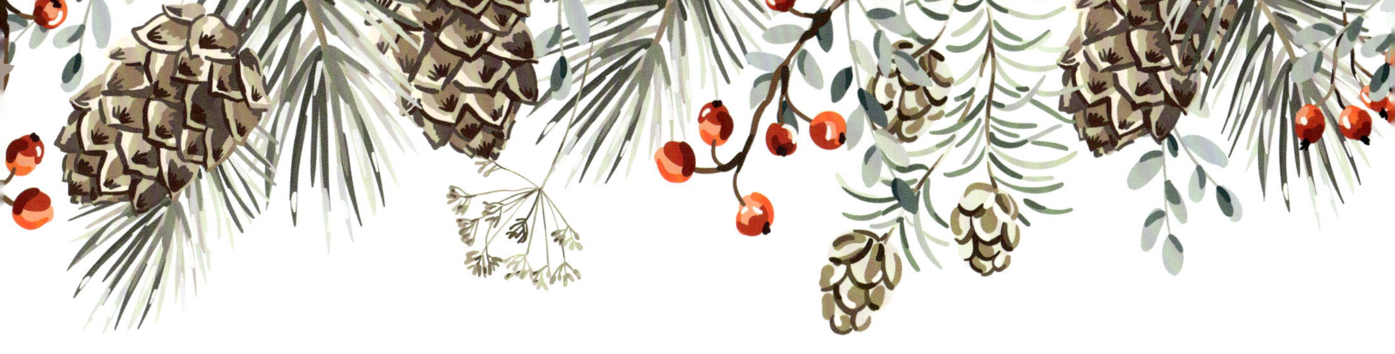

Da hier die Basis nicht so viel weiteres Material tragen muss, kann man auch selbst ganz einfach aus biegsamen Zweigen einen Ring formen. Noch einige weitere Elemente dazu – hübsche Beeren, Zapfen, Christbaumkugeln – und fertig ist ein dekoratives Highlight. Dabei reichen die Möglichkeiten von einer klassisch-symmetrischen Anordnung der Elemente bis zu einer ebenso reizvollen asymmetrischen Gestaltung.

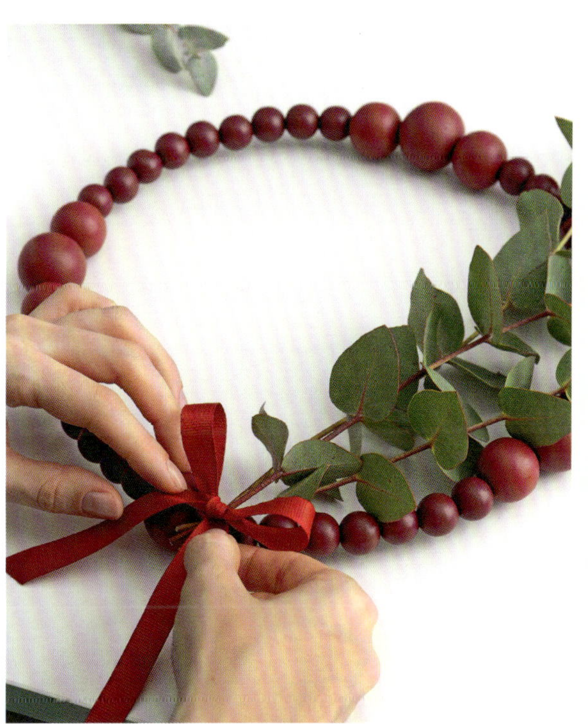

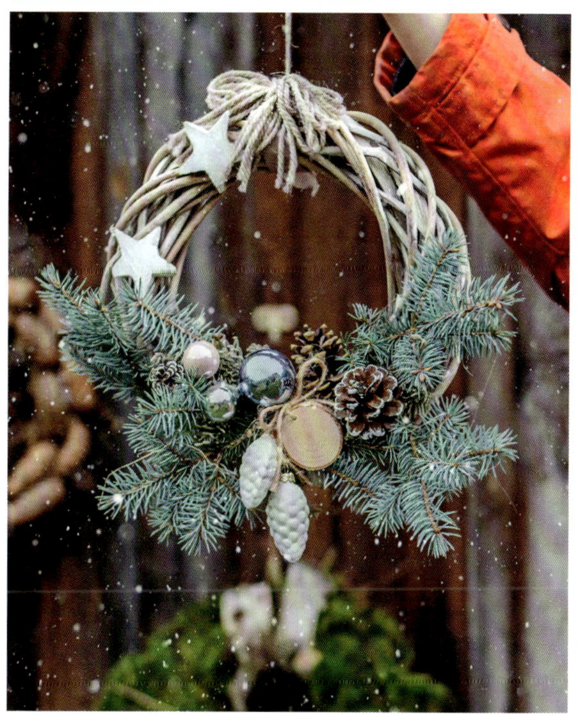

Kranzgesteck mit Hartriegel

Material

3 dünne, biegsame Zweige Hartriegel

3 Zweige Thuja

1 Kiefernzapfen

3 Zweige Mini-Hagebutte

Blumendraht

Bindedraht

Heißklebepistole

Gartenschere

Biegsame Zweige aus Hartriegel eignen sich gut für Kränze, und sie bilden mit ihrer rötlichen Färbung zudem einen schönen Farbkontrast zum Wintergrün. Sie lassen sich bei Spaziergängen einsammeln (nicht abschneiden oder gar abrupfen) oder auch im eigenen Garten schneiden. Hartriegel, der einige Stunden gewässert wurde, ist dabei grundsätzlich biegsamer.

Für den Kranz die Hartriegelzweige zu einem Kreis biegen und mit dem Bindedraht zusammenbinden. Den Draht am besten schon vorher zurechtschneiden, damit er gleich zur Hand ist, wenn der Hartriegel in Form gebogen ist.

Die Thujazweige mit der Gartenschere zurechtschneiden und dann leicht fächerförmig oder auch in kleinen Büscheln am Kranz festdrahten. Das Grün kann gerne etwas unregelmäßig arrangiert sein, dann sieht der Kranz besonders natürlich aus.

Zum Schluss den Kiefernzapfen mit Heißkleber auf den Kranz kleben und die Mini-Hagebutten mit etwas Blumendraht andrahten.

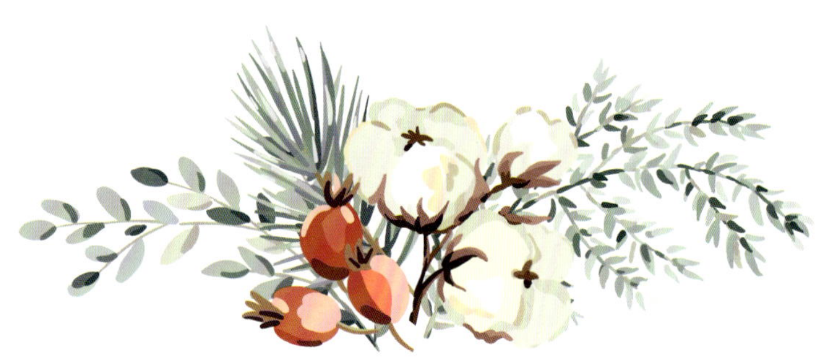

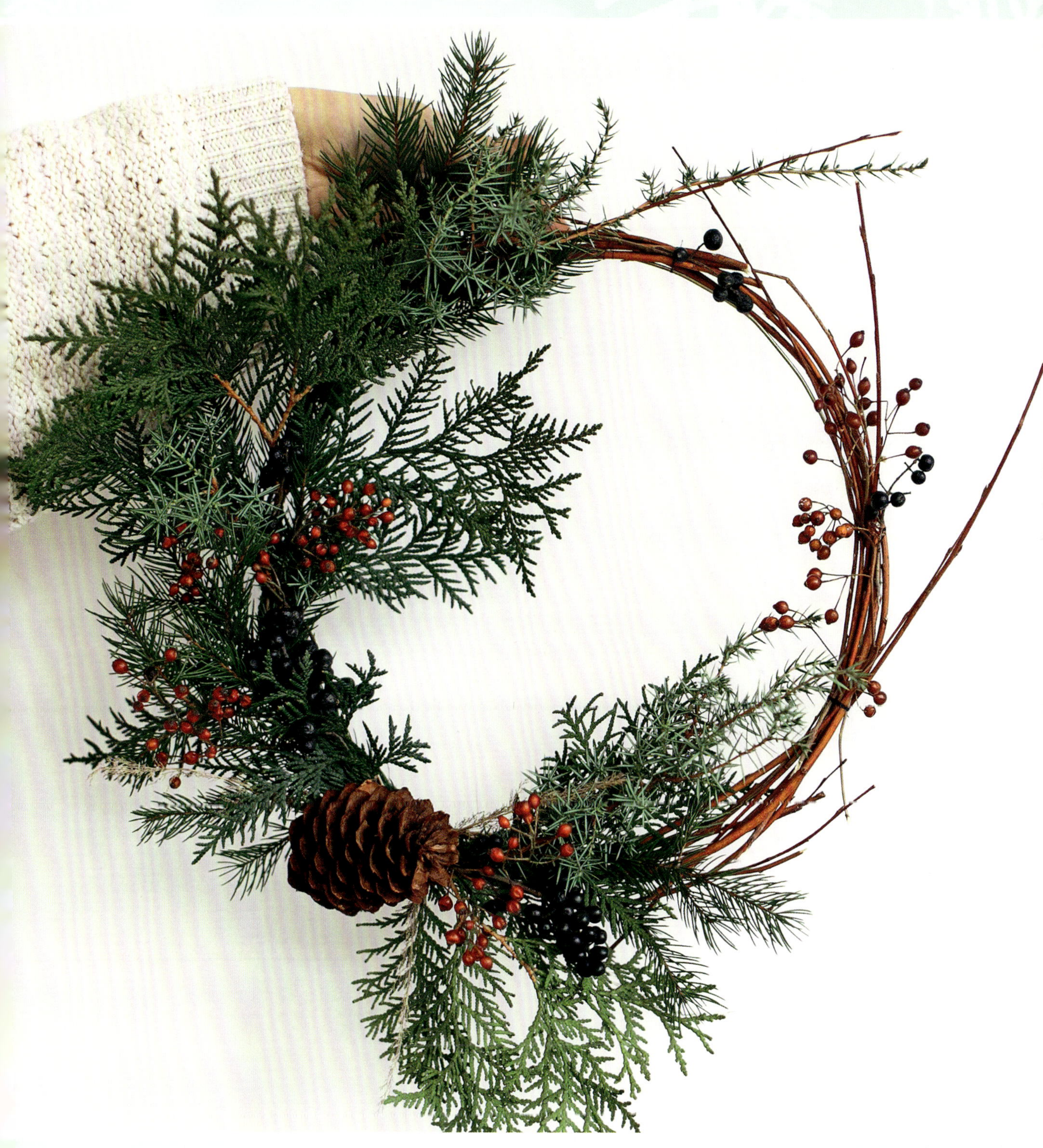

Weiden-Kranzgesteck

Material

Kranzrohling Weide (gekalkt)
3 Zweige Blautanne
3 Kiefernzapfen
2 Deko-Sterne aus Filz (silber)
2 Baumschmuck-Tannenzapfen (silber)
3 Christbaumkugeln, unterschiedlich groß (creme, lindgrün und türkisblau)
Kleine Baumscheibe mit Loch
Dünne Kordel
Dickere Kordel zum Aufhängen (naturfarben)

Blumendraht
Bindedraht
Heißklebepistole
Gartenschere

Das Weiden-Kranzgesteck ist ein schönes Beispiel für eine Kombination aus Kranz und Gesteck. Auf diese Weise avanciert ein Gesteck zum Tür- und Fensterschmuck.

Die Grundlage für das Arrangement bildet diesmal ein weißlich gekalkter Kranzrohling aus Weide. Die sanften Naturtöne der Weide bilden mit dem Blau der Tanne eine wunderbare Farbkomposition!

Die Blautannenzweige mit der Gartenschere zurechtschneiden, zwischen die Weiden schieben und für mehr Halt zusätzlich mit Blumendraht fixieren.

Die Kugeln und die beiden Filzsterne sowie die Kiefernzapfen mit Heißkleber festkleben.

Die dünne Kordel durch die Baumscheibe fädeln, eine Schleife binden und doppelt verknoten. Dabei die Enden der Kordel lang lassen. Die Baumschmuck-Tannenzapfen an den Kordelenden links und rechts auffädeln und verknoten. Ein ca. 10 cm langes Stück Bindedraht durch den Knoten ziehen und die Drahtende miteinander verdrehen. Den Draht im Kranz feststecken.

Von der dickeren Kordel vier ca. 50 cm lange Stücke abschneiden. Übereinanderlegen und um den Kranz zu einer Schleife binden. Anschließend als Aufhängung ein weiteres Stück der dicken Kordel von hinten durch die Schleife fädeln.

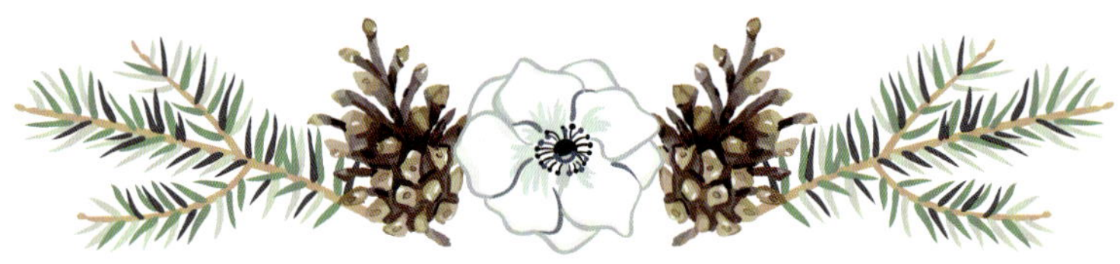

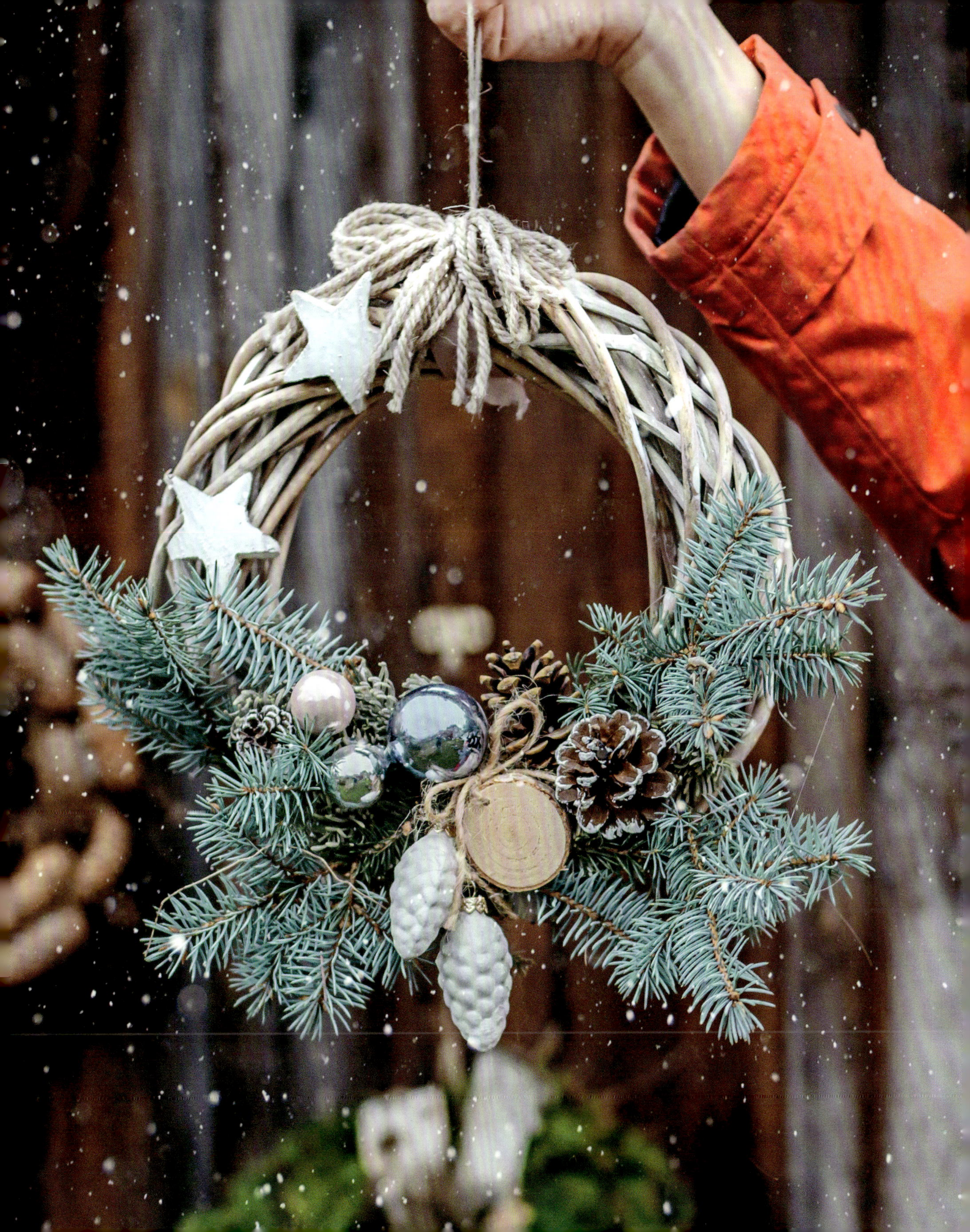

Kranzgesteck mit Glöckchen

Material

Holzring
2 Zweige Blautanne
2 Zweige Deko-Beeren (weiß)
2 Strandflieder
Acrylspray (gold)
Satinband (weiß)
Glöckchen an dünner Kordel (messingfarben)
Kordel zum Aufhängen

Blumendraht
Bindedraht
Gartenschere

Dieses Kranzgesteck besticht durch den Kontrast: Ein filigraner Ring geht in ein Nest aus Blautanne und Deko-Beeren über. Der besondere Clou bei diesem Arrangement ist sicherlich das Glöckchen, das an einer Satinschleife herabhängt.

Die Arbeitsfläche abdecken, z. B. mit Zeitungspapier. Dann den Strandflieder mit Acrylspray goldfarben einsprühen und trocknen lassen.

Der Holzring dient als Basis für die Blautanne, die hier zu einem lockeren Nest um den Kranz gelegt und festgedrahtet wird. Dabei die Zweige wie abgebildet gegenläufig anordnen und die Spitzen links und rechts auslaufen lassen.

Die weißen Deko-Beeren und den goldfarbenen Strandflieder zwischen die Tannenzweige schieben und festbinden.

Das Satinband je nach gewünschter Schleifengröße zurechtschneiden und dabei auch die herabhängenden Enden mit einrechnen. Einmal um den Kranz schlingen, eine Schleife binden und das Glöckchen an seiner Kordel mit einbinden. Das Band abermals verknoten und die Schleifenenden dekorativ herabhängen lassen.

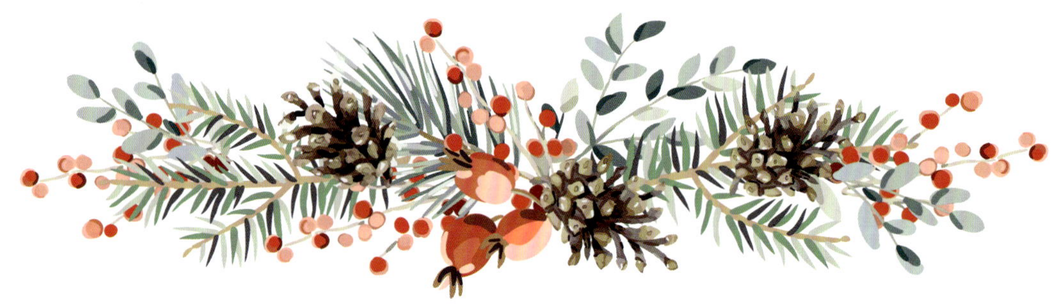

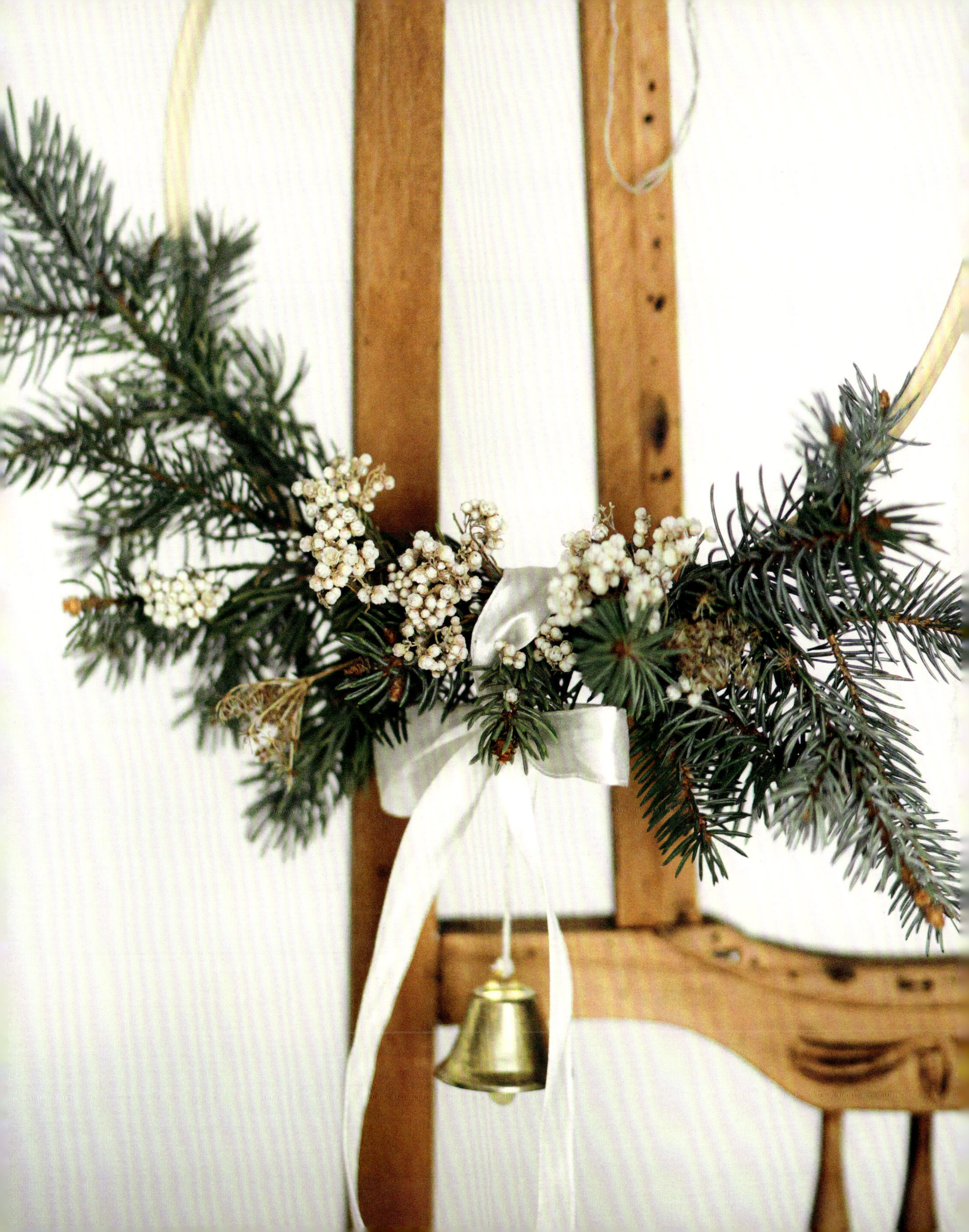

Perlenring in Rot

Material

Drahtring mit Verschluss-Öse

30 Holzperlen (Ø ca. 1,5 cm, rot)

6 Holzperlen (Ø ca. 2,5 cm, rot)

3 Holzperlen (Ø ca. 3,5 cm, rot)

2 Zweige Eukalyptus

Satinband (rot)

Zange

Gartenschere

Dieser Perlenkranz besticht durch seine einfache Herstellung. Er eignet sich besonders gut als Fensterkranz, kann aber auch an Stuhllehnen oder Kommodengriffen gut zur Geltung kommen.

Die Perlen wie abgebildet auf einen Drahtring mit Verschluss-Öse auffädeln: Auf neun kleine Perlen folgen eine mittelgroße, eine große und schließlich wieder eine mittelgroße Perle. Danach erneut mit den kleinen Perlen beginnen.

Dort, wo die Schleife dazwischengebunden wird, werden zwölf kleine Perlen aufgefädelt.

Das Satinband zurechtschneiden, in der Mitte der zwölf kleinen Perlen um den Drahtring legen und zu einer Schleife binden. Dabei die beiden Eukalyptuszweige mit einbinden.

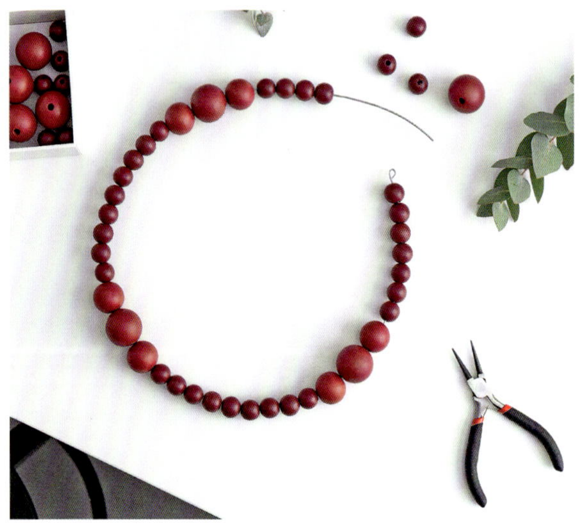

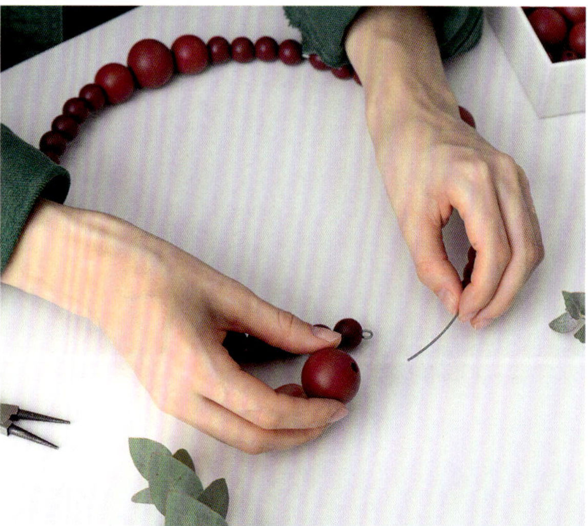

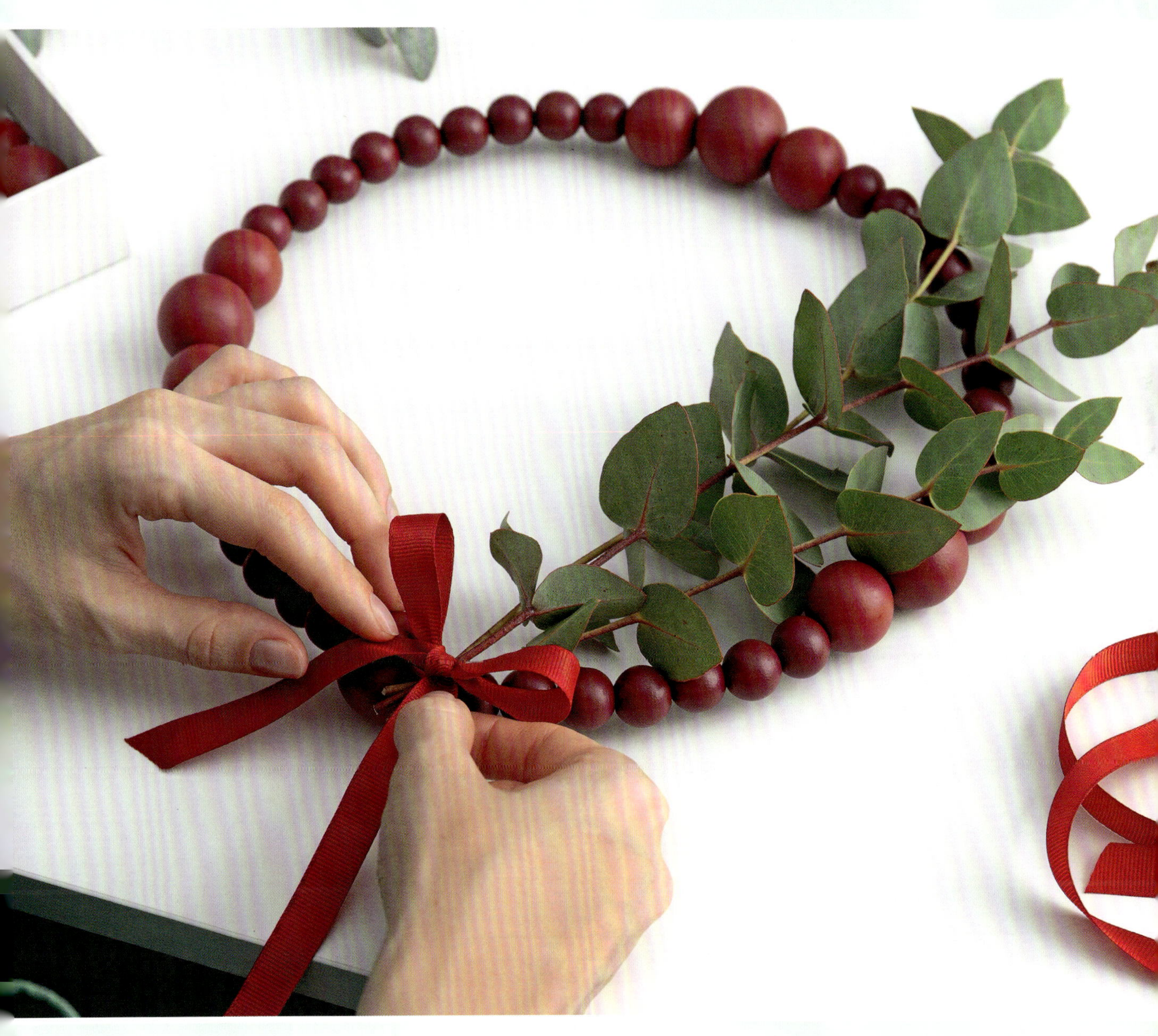

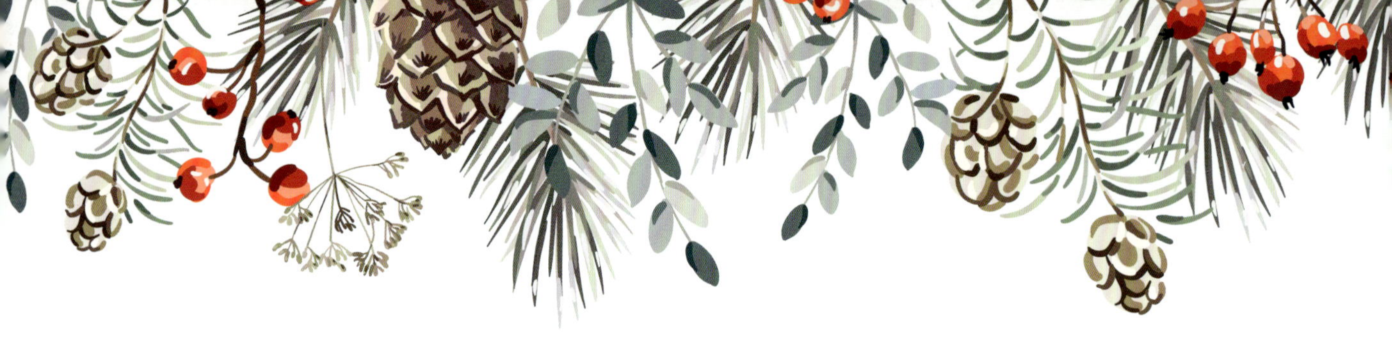

Gestecke & Co.

Sowohl unglaublich vielseitig einsetzbar als auch sehr dankbar, was die Haltbarkeit anbetrifft, sind Gestecke. Meist werden sie in Gefäßen arrangiert und darin in Steckmasse oder -schaum fixiert. Auf diese Weise bleiben die Bestandteile des liebevollen Arrangements an Ort und Stelle. Außerdem – und das ist hier der große Vorteil – wird die Steckmasse in Wasser eingeweicht. Die grüne Dekoration wird also mit Wasser versorgt wie in einer Vase. Hin und wieder gießt man etwas Wasser nach oder wässert das ganze Gesteck in einer

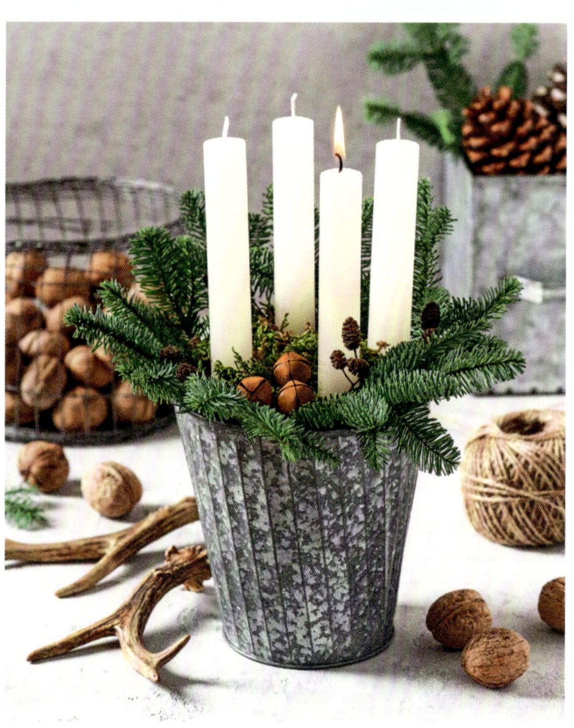

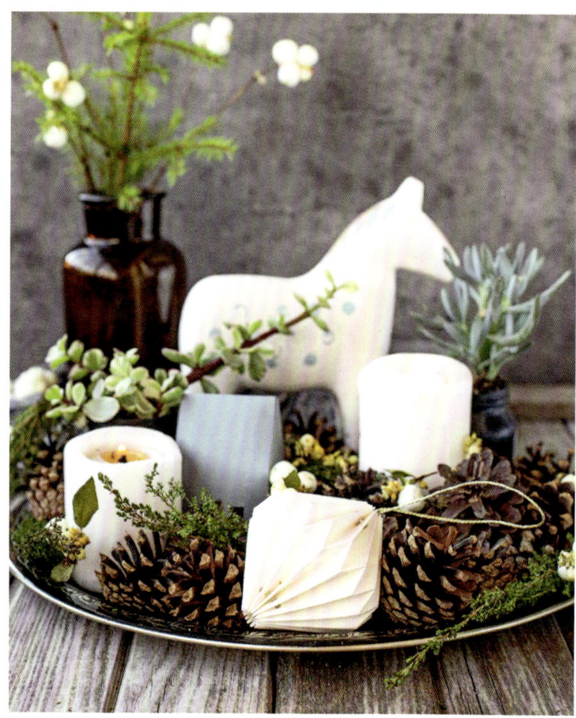

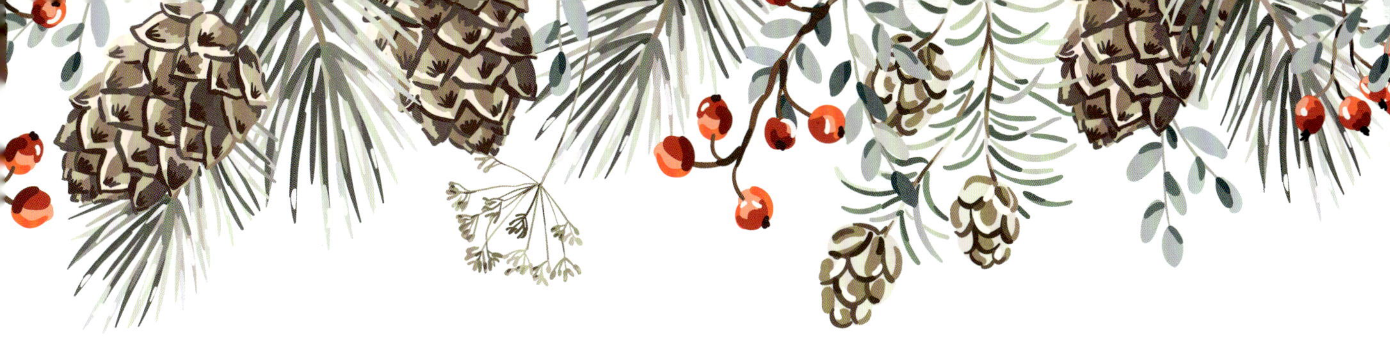

Schüssel oder direkt in der Spüle. So hat man viele Tage lang Freude daran! Wie auch bei den Kränzen gibt es die verschiedensten Gestaltungsmöglichkeiten. Manche Gestecke oder ähnliche Kreationen kommen auch ohne Steckschaum aus; dann sind sie meistens sehr schlicht und schnell gemacht. Denn manchmal braucht es einfach nicht viel für die richtige Wirkung! Bei anderen Dekorationen werden die Bestandteile z. B. mit Heißkleber auf einen Untergrund geklebt. Der Fantasie sind keine Grenzen gesetzt!

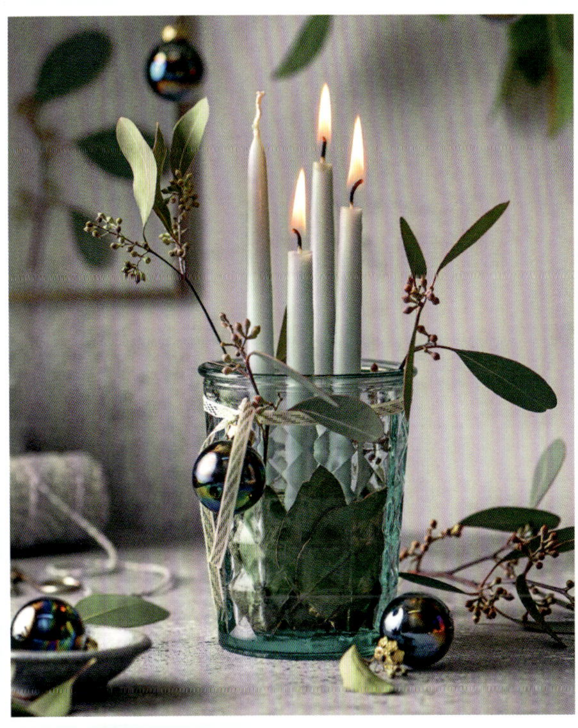

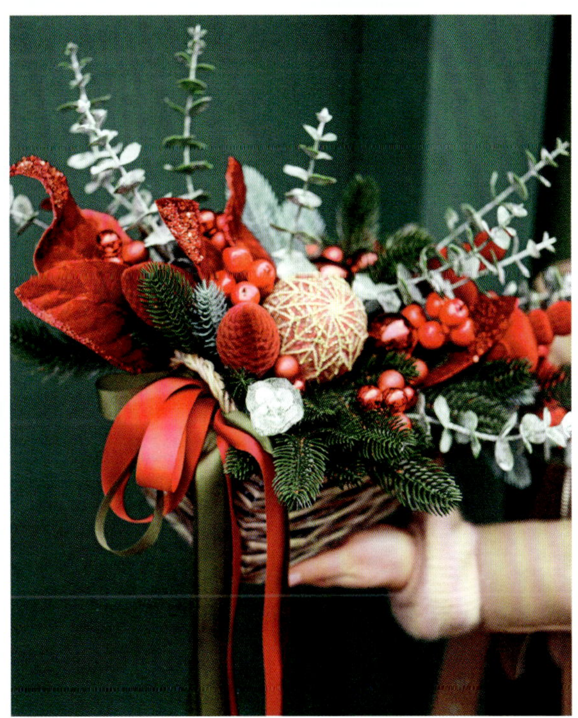

Adventsgesteck mit Ästen

Material

Holzbrett oder Holztablett (anthrazitfarben lasiert)

4 Kerzenhalter für Stabkerzen

2 Äste (Naturfunde, am besten leicht gebogen)

2 Zweige verschiedenes Nadelgrün

1 Zweig Lärche mit Zapfen

Moos und Flechten

Blumendraht

Bindedraht

Heißklebepistole

Je nach Art der Kerzenhalter evtl. Hammer zum Befestigen auf dem Brett

Gartenschere

Solch ein formschönes Adventsgesteck mit Kerzen wirkt zugleich edel und naturnah. Auf dem Tisch nimmt es durch seine längliche Form zudem nicht viel Platz weg.

Von einem Spaziergang zwei leicht gebogene Äste mitbringen. Etwaiges trockenes Blattwerk entfernen und die Äste gegebenenfalls auf die Länge des Holzbrettes kürzen.

Die Kerzenhalter mit Heißkleber mittig auf dem Brett befestigen. Position und Abstände vorher prüfen. Der Kerzen müssen später einen sicheren Stand haben.

Die Äste mit der Biegung nach unten mit Heißkleber links und rechts längs auf dem Holzbrett befestigen. Neben den Zweigen auch Moos und Flechten mit Heißkleber auf das Brett kleben.

Kleine Zweige Nadelgrün innen zwischen die beiden großen Äste platzieren und anbinden. Den Lärchenzweig locker quer über die Äste legen und mit zwei kleinen Tupfern Heißkleber diagonal darauf befestigen.

Zum Schluss die Kugeln auf dem Arrangement verteilen, mit Heißkleber festkleben und die Stabkerzen in die Kerzenhalter stecken.

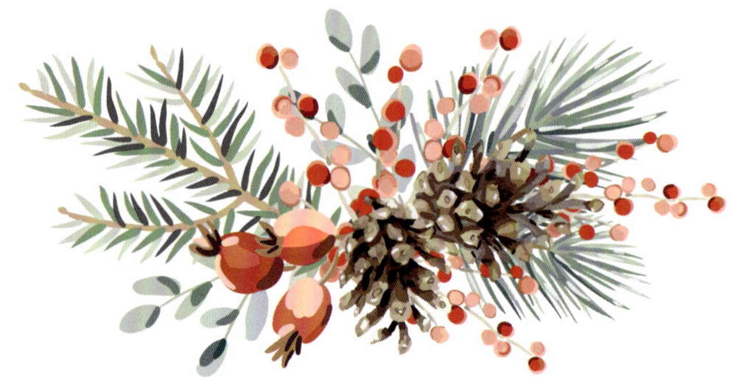

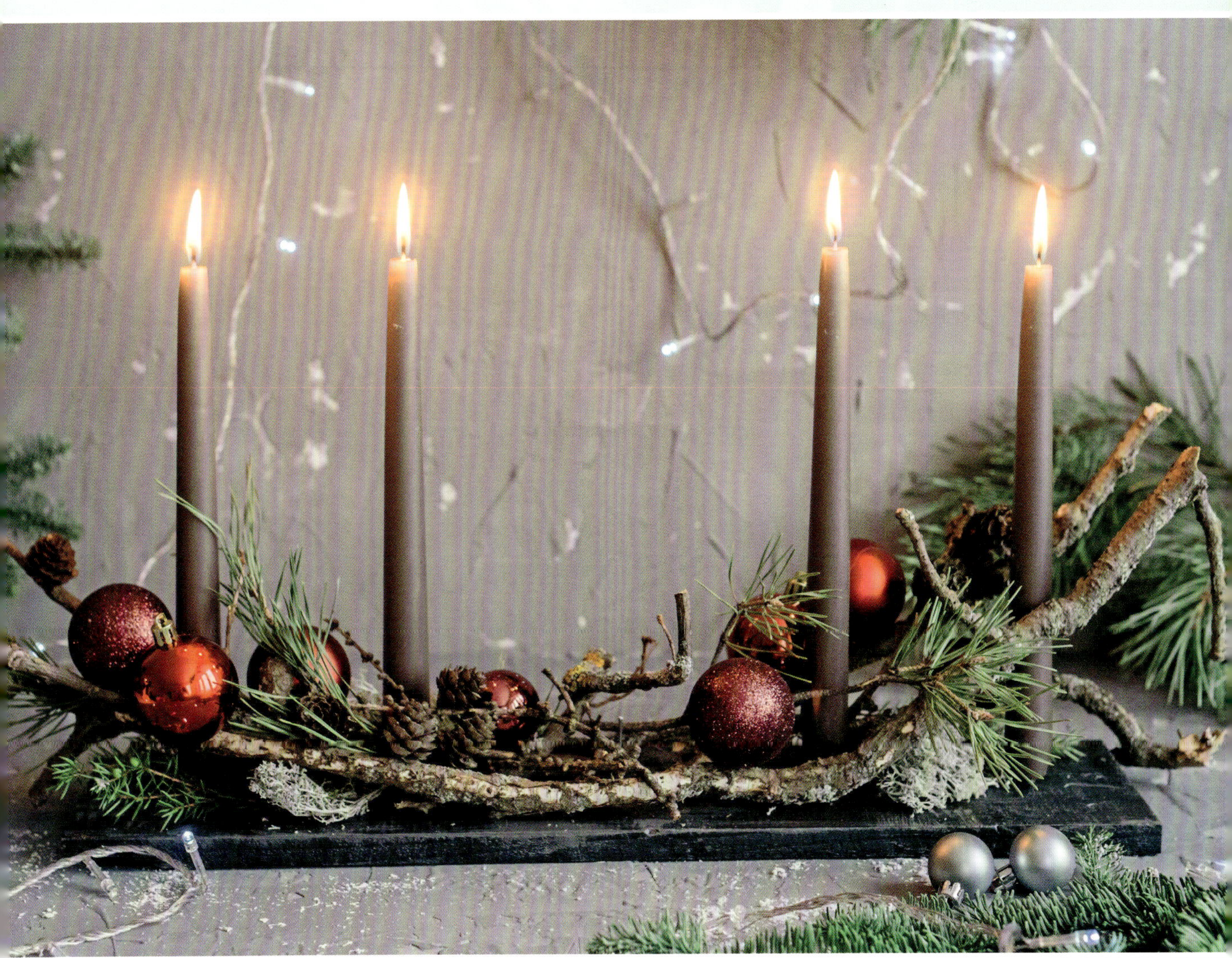

Prächtiges Weihnachtsgesteck

Material

1 Körbchen (braun, mit Kunststoff-Inlett)

1 Würfel Steckschaum

3 Zweige Tanne

2 Zweige Blautanne

8 Zweige Eukalyptus

5 Deko-Blätter mit Samt-Finish und Glitter (rot)

3 Zweige Deko-Äpfel (rot)

Ca. 10 Mini-Christbaumkugeln (rot metallic, in unterschiedlichen Größen)

1 Christbaumkugel (rot metallic)

Satinband (grün und rot)

Bindedraht

Gartenschere

Messer

Heißklebepistole

Wintergrün und Weihnachtsrot – der Farbklassiker entfaltet in diesem Adventsgesteck seine volle Wirkung.

Als Grundlage für das Gesteck dient ein Körbchen. Es sollte innen wasserdicht ausgekleidet sein, damit man den Steckschaum auch später wässern kann und keine Feuchtigkeit durchschlägt.

Den Steckschaum mit einem großen Messer auf Körbchengröße zurechtschneiden und gut wässern. So lassen sich die Stiele besser einstecken.

Mit den zurechtgeschnittenen Tannenzweigen beginnen und ein Basisnest bauen. In dieses dann die Eukalyptuszweige stecken und dekorativ nach allen Seiten arrangieren.

Die großen roten Deko-Blätter, die kleinen Deko-Äpfel, die große rote Christbaumkugel und die Mini-Christbaumkugeln andrahten und feststecken.

Zum Schluss eine Doppelschleife aus grünem und rotem Satinband binden, diese andrahten und mit dem Draht wie abgebildet im Gesteck platzieren.

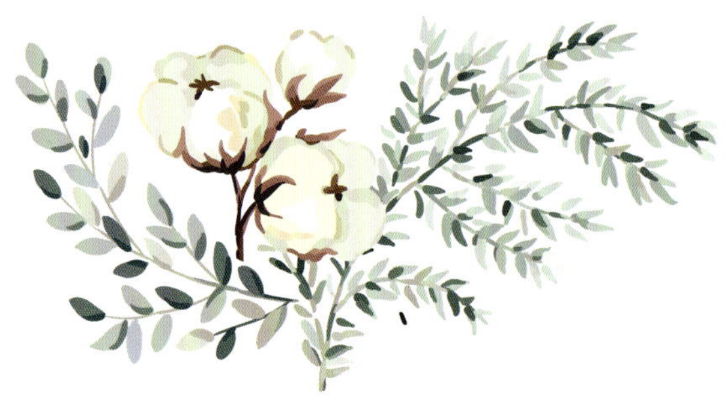

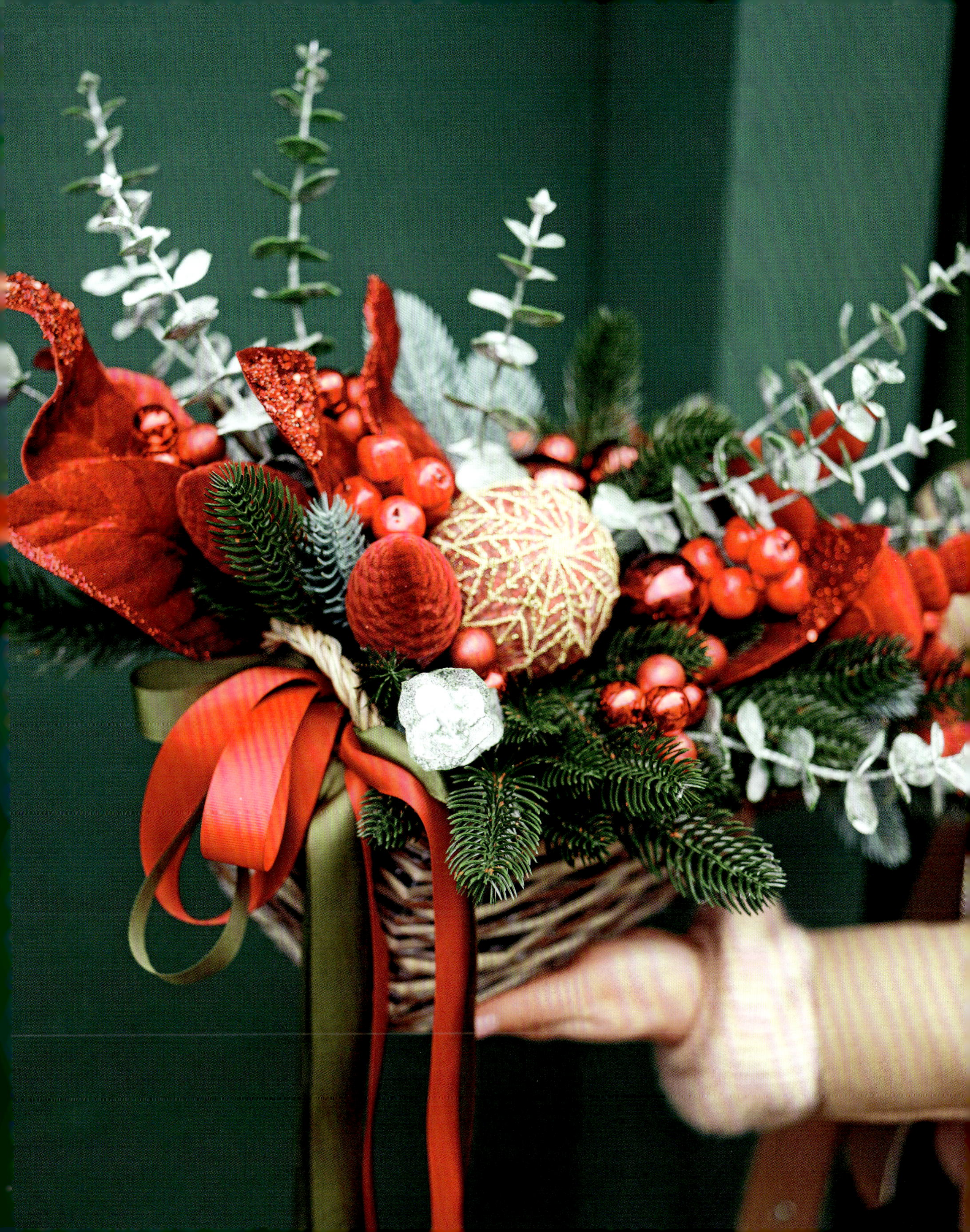

Kleines Adventsgesteck

Material

Zinkübertopf

1 Würfel Steckschaum

4 Kerzenhalter-Stecker für Stabkerzen

4 Stabkerzen (weiß)

6 kleine Zweige Tanne

3–4 kleine Zweige Erle

3 Deko-Glöckchen (Rostoptik)

Gartenschere

Messer

Heißklebepistole

Dekorative Blumentöpfe finden sich in beinahe jedem Haushalt. Mit etwas Steckschaum und entsprechender Deko lassen sie sich ganz einfach zu einem lange haltbaren Adventsgesteck umwandeln.

Mit einem Messer den Stecksaum auf Topfgröße zurechtschneiden und wässern. Dann den Steckschaum in den Topf stecken.

Die Tannenzweige mit der Gartenschere zurechtschneiden und so in den präparierten Topf stecken, dass ein Tannennest entsteht.

Mittig die vier Kerzenhalter-Stecker zum Quadrat platzieren und fest eindrücken.

Die kleinen Erlenzweige zwischen die Kerzenhalter stecken und vorne die drei Glöckchen mit Heißkleber befestigen.

Zum Schluss die Stabkerzen in die Kerzenhalter stecken.

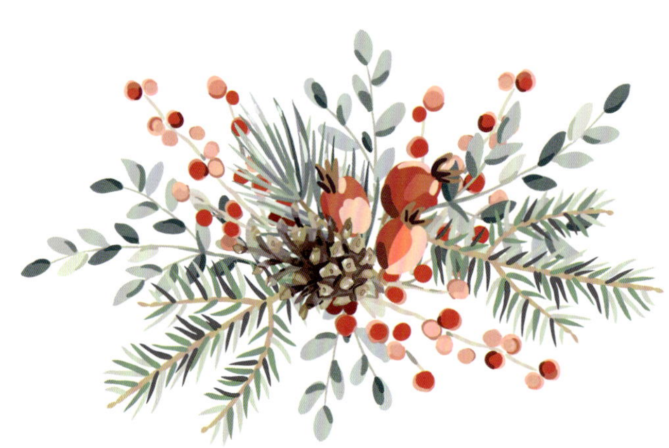

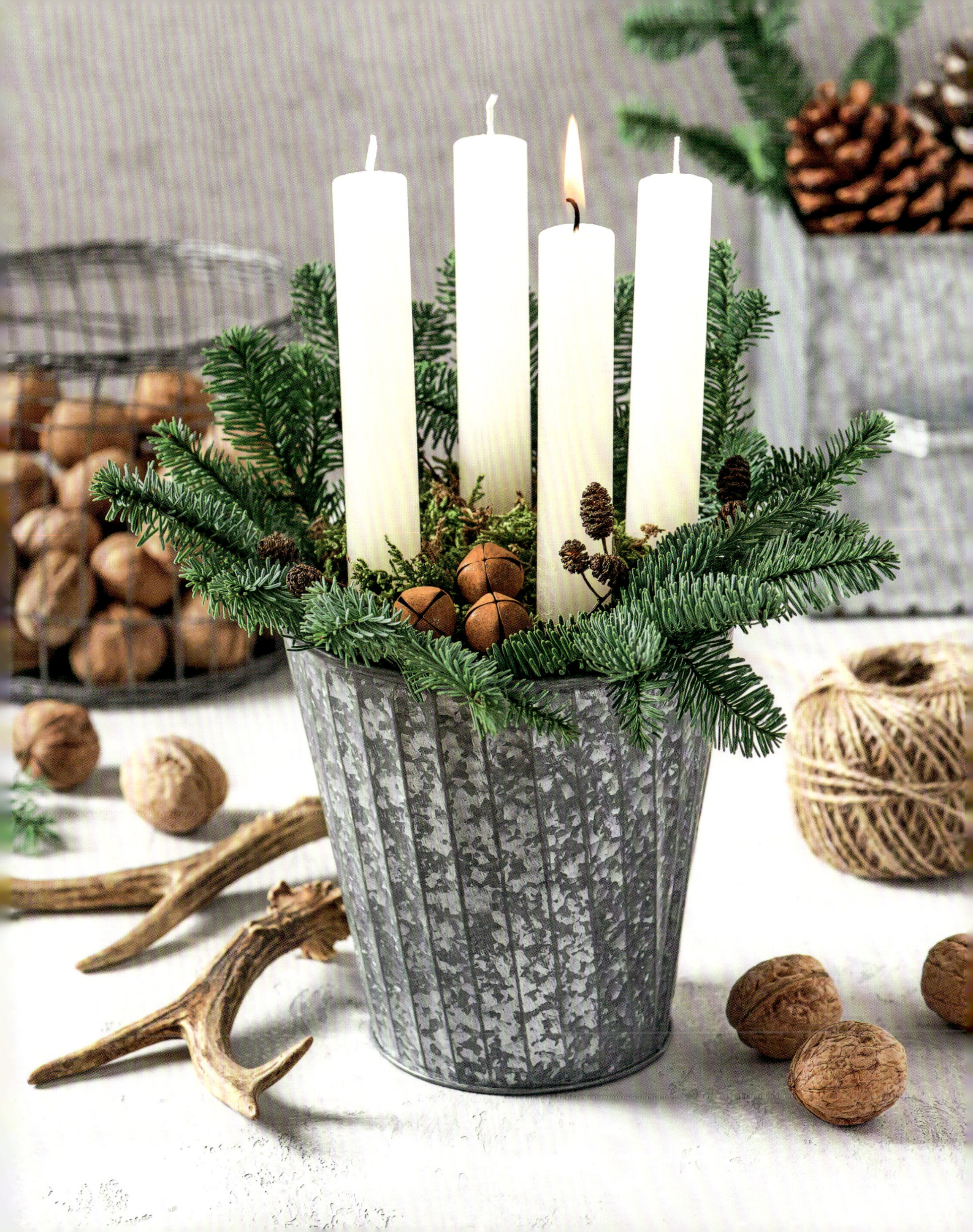

Weihnachtsbaum-3-D-Bild

Material

Holzbrett (braun lasiert oder gebeizt)

1 Zweig Tanne (möglichst symmetrisch)

Pappstern (groß, braun)

Deko-Stern aus Filz (klein, weiß)

Holzperlen (verschiedene Farben und Größen)

7 Pappetiketten

Kordel

Heißklebepistole

Gartenschere

Warum nicht einmal einen Weihnachtsbaum an die Wand hängen? Mit diesem 3-D-Bild ist jedenfalls eine außergewöhnliche Weihnachtsdekoration garantiert!

Als Grundlage ein braun lasiertes oder gebeiztes Holzbrett nehmen und einen möglichst symmetrisch gewachsenen Tannenzweig mit Heißkleber mit der Schnittstelle nach oben mittig darauf festkleben.

Den kleinen Filzstern rückseitig mit Heißkleber betupfen und in die Mitte des Pappsterns setzen. Auf den Filzstern wiederum eine kleine Holzperle kleben und den so präparierten Pappstern mit Heißkleber auf dem Stielende festkleben. Er bildet die Tannenbaumspitze.

Die kleinen Holzperlen mit Heißkleber auf dem Tannenbaum festkleben.

Die Pappetiketten auf die Kordel auffädeln, jeweils einzeln mit etwas Abstand verknoten, die Enden der Kordel links und rechts zu einer Schlaufe formen und mit Heißkleber unten am Baum auf dem Brett festkleben.

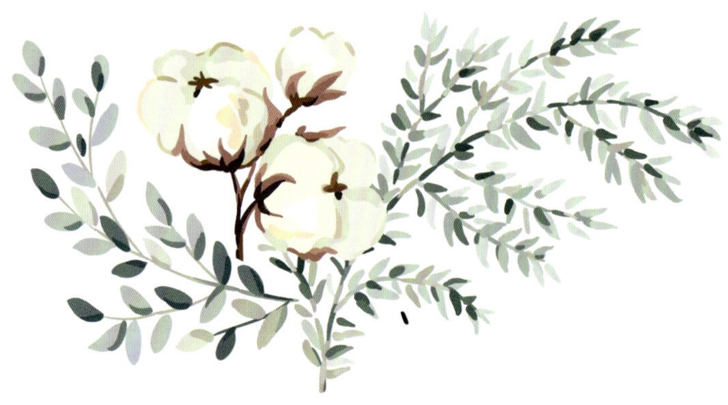

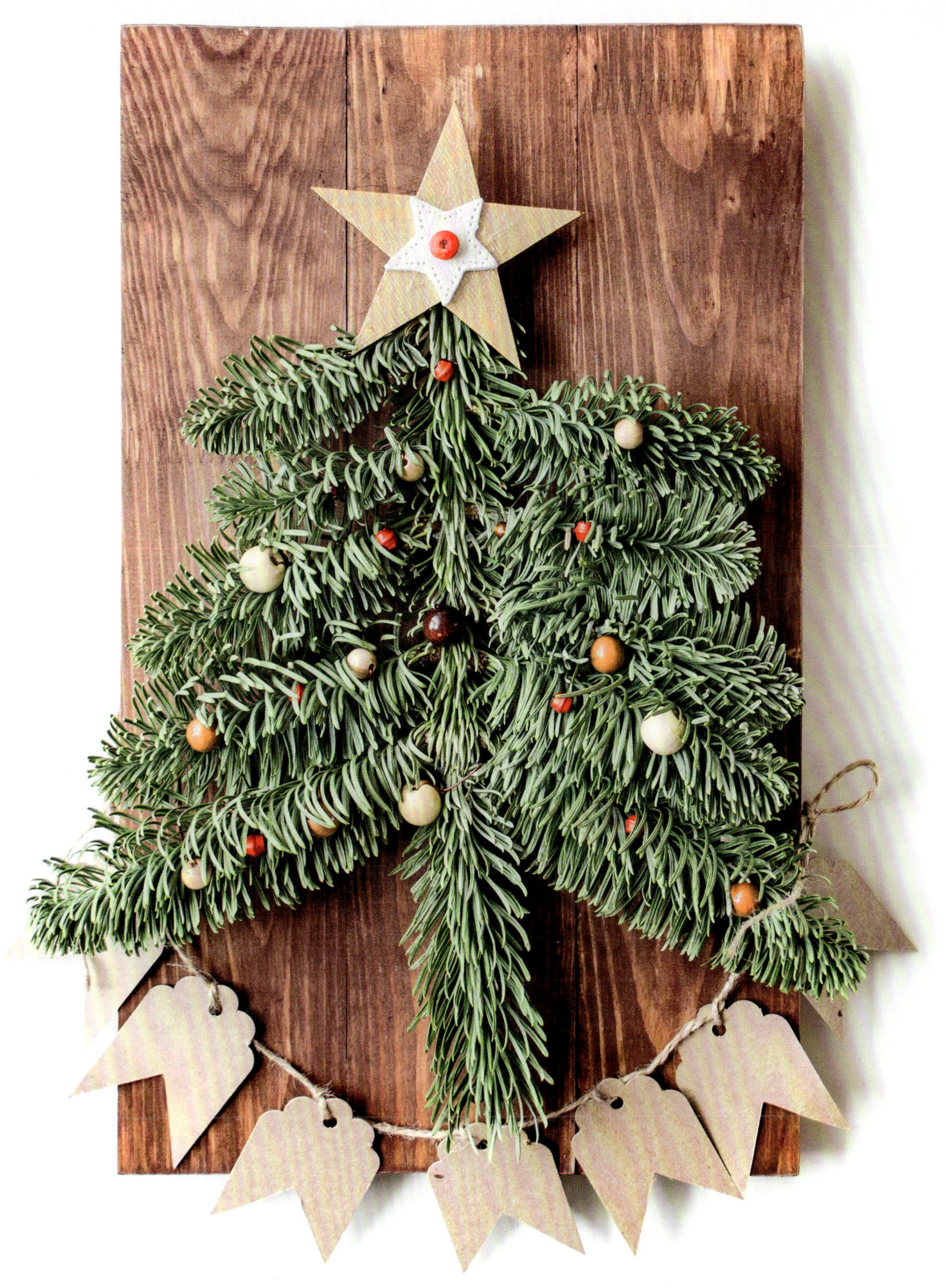

Amaryllis-Glas

Material

Bauchiges Glas mit weiter Öffnung

Amaryllis-Knolle in Wachs (weiß)

Reisig

2–3 Zweige Lärche mit Zapfen

Buntlack- oder Acrylspray (weiß)

3 Baumschmucksterne (mattsilber)

Gartenschere

Bei diesem schlichten Arrangement tritt das transparente Glas mit der kompakten Form der Amaryllis-Knolle in einen spannenden Gegensatz. Nur wenig natürliche Deko ist nötig, um eine zeitlos-schöne Dekoration zu arrangieren, die auch nach Weihnachten noch stehen bleiben kann.

Zuerst das Glas präparieren. Hierfür am Vortag Reisig mit weißem Acrylspray besprühen. Das weiße Reisig nach dem Trocknen in kleine Ästchen brechen und die Bruchstellen, falls sie als störend empfunden werden, erneut mit Acrylspray weiß färben. Die getrockneten Ästchen auf den Glasboden legen, sie bilden den Untergrund für die Knolle.

Die Amaryllis-Knolle in Wachs auf die Ästchen platzieren und die Lärchenzweige locker seitlich im Glas arrangieren.

Abschließend die Baumschmucksterne in die Zweige hängen.

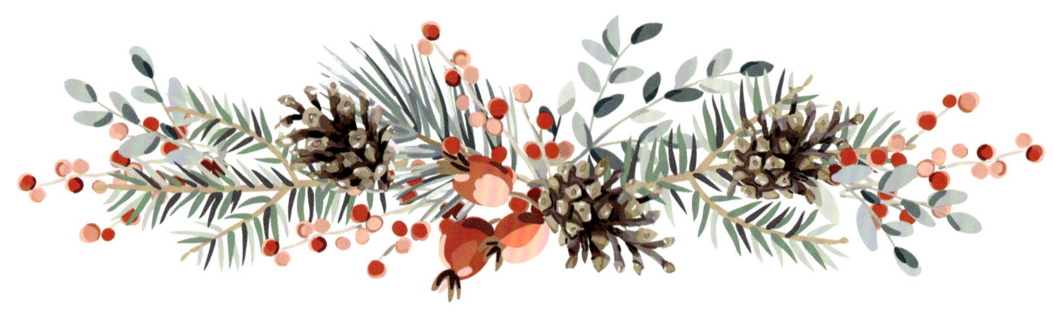

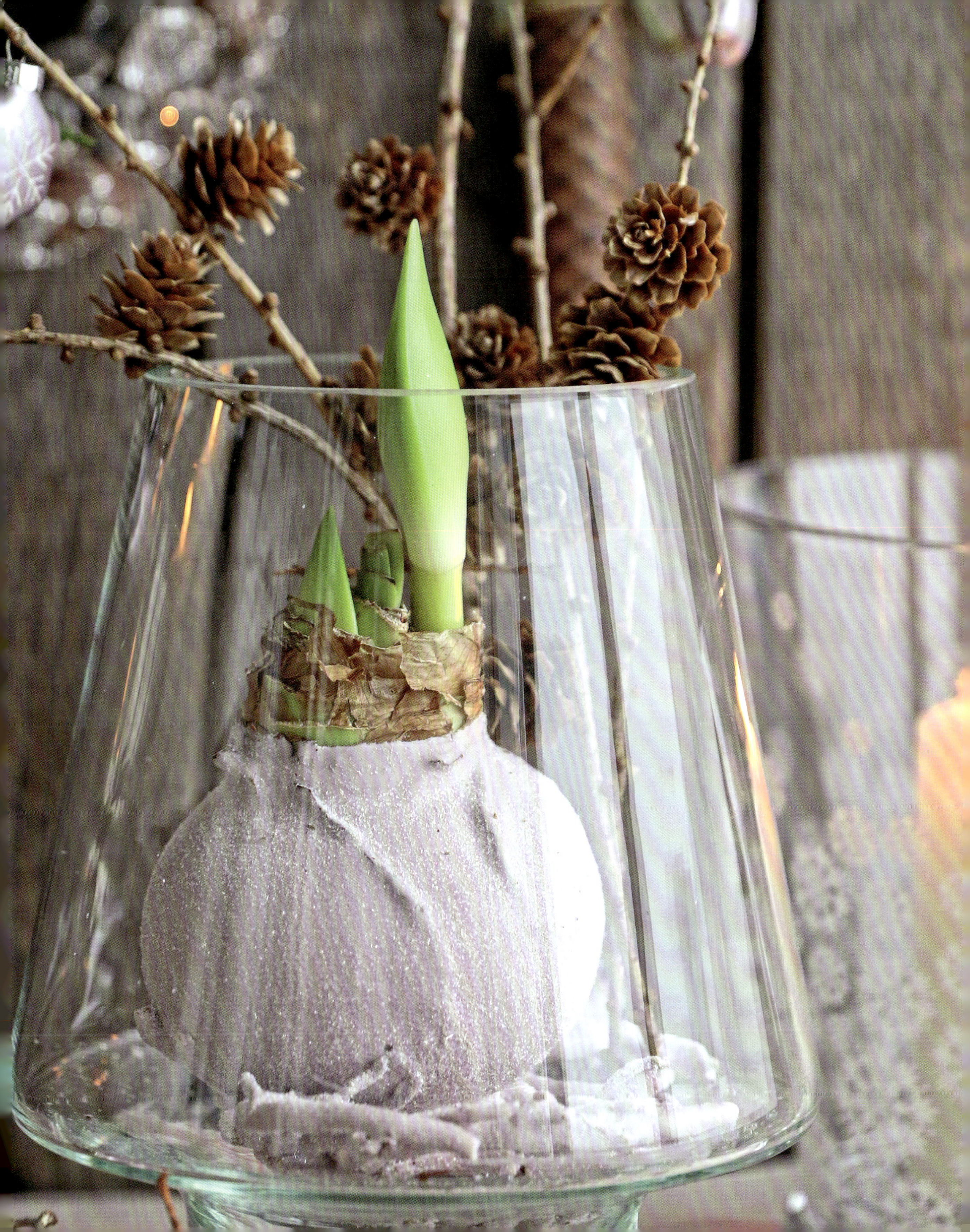

Duftendes Kerzenglas

Material

Recycling-Wasserglas (am besten mit Struktur)

1 Würfel Steckschaum

8–10 Eukalyptus-blätter(großblätterig)

3 Zweige Eukalyptus mit Blütenständen

4 kleine Stabkerzen (helltürkis)

Deko-Band (weiß-gold gestreift)

Mini-Christbaumkugel (petrol metallic)

Gartenschere

Messer

Diese Komposition in Grün wird mit duftendem Eukalyptus zu einem schlicht-schönen Adventsgesteck für den Tisch und ist schnell arrangiert.

Ein schönes Recycling-Wasserglas mit zuvor gewässertem Steckschaum ausfüllen und die Innenwand mit Eukalyptusblättern auskleiden.

Die schmalen Stabkerzen fest in den Steckschaum stecken. Dann die Eukalyptuszweige so im Steckschaum platzieren, dass sie von den Kerzenflammen weg nach außen zeigen.

Um das Glas ein schmales Deko-Band binden und einen kleinen Eukalyptuszweig sowie eine Mini-Christbaumkugel mitverknoten.

Tipp: Die Kerzen nur so weit herunterbrennen lassen, dass sie bis zum Glasrand reichen, da sonst die Hitze die Kerzen zum Schmelzen oder das Glas zum Zerspringen bringen könnte.

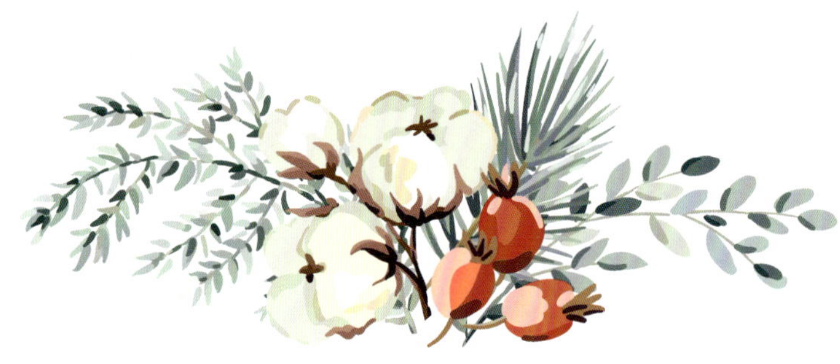

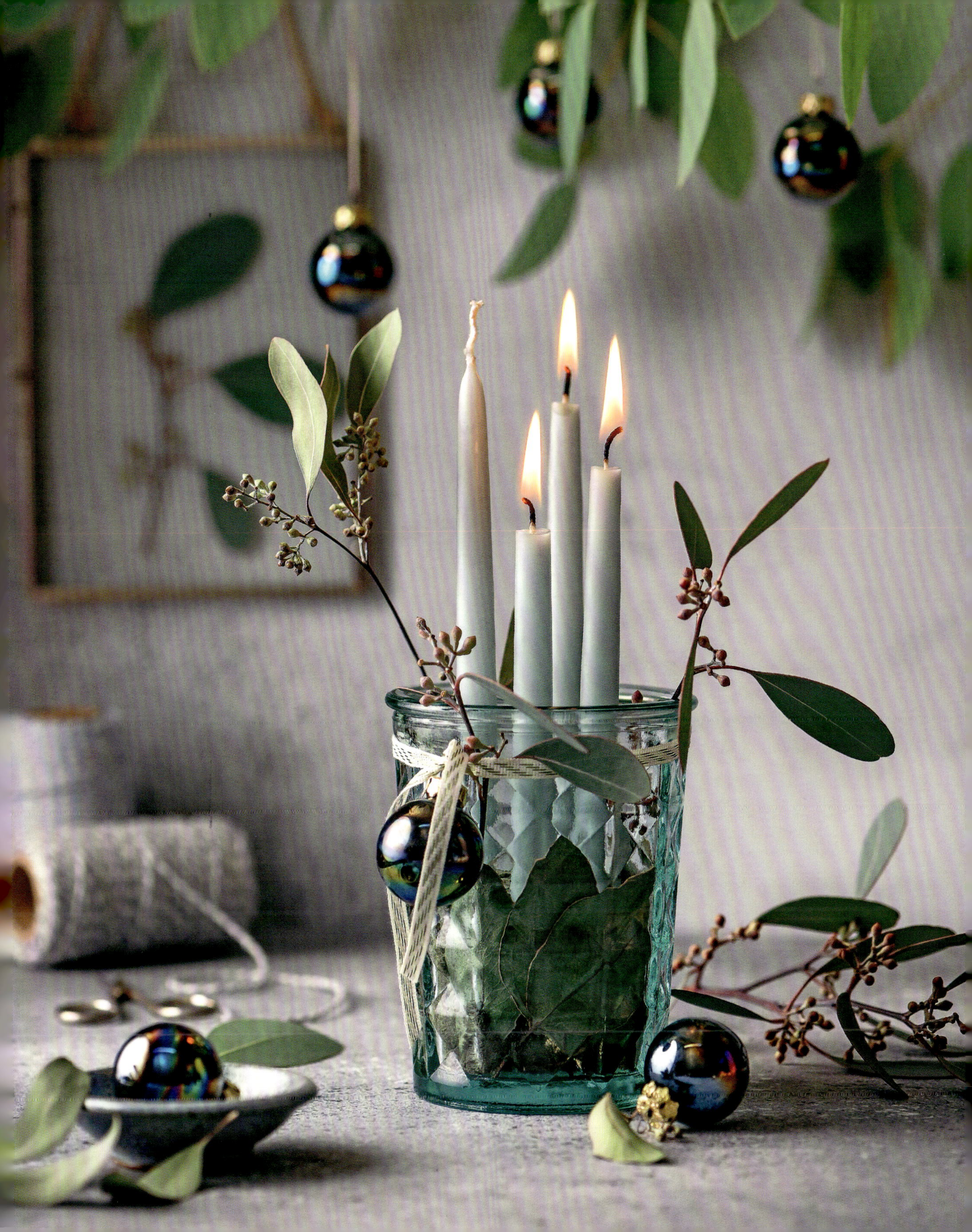

Amaryllis-Vase

Material

2 Vasen oder Krüge aus Steingut (am besten antik)

4 Amaryllis-Stiele (rot, gefüllt)

5–6 Zweige Lärche mit Zapfen

Verschiedene Kiefern- und Fichtenzapfen und Rindenstücke

Gartenschere

Zuweilen braucht es gar nicht viel, um eine stimmungsvolle Weihnachtsdeko zu arrangieren.

Bei diesem natürlichen Arrangement wirken vor allem die schönen Steingut-Krüge, die den üppigen Rottönen der Amaryllis gleich im doppelten Sinne zu einer Erdung verhelfen und ihnen den nötigen Stand verleihen.

Einen Steingut-Krug mit Wasser füllen und die vier Amaryllis-Stiele hineinstellen. Im anderen Krug die Lärchenzweige anordnen.

Beide Krüge nebeneinander platzieren und um sie herum verschiedene Zapfen und Kieferstücke dekorativ arrangieren.

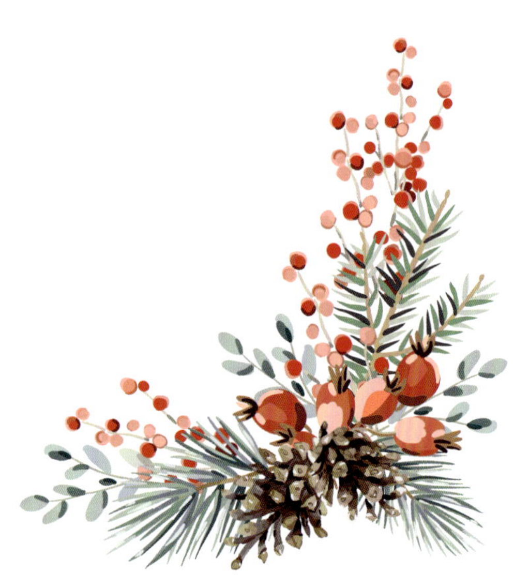

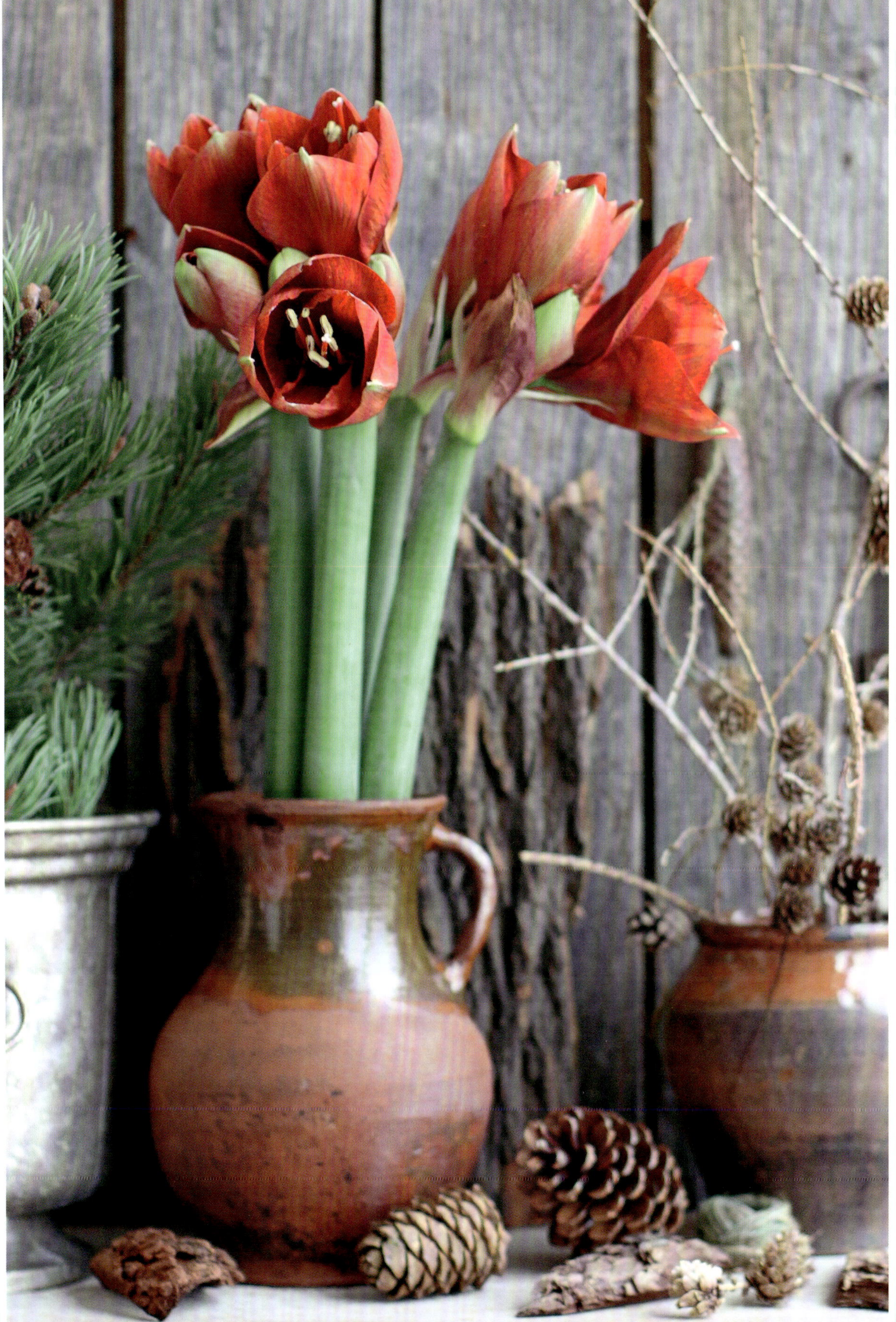

Weihnachtliches Arrangement

Material

Rundes Tablett

2 kleine Übertöpfe

2 Sukkulenten
(z. B. verschiedene Crassula)

3 Zweige Thuja

10 Kiefernzapfen

Moos

6 Zweige Schneebeeren
(weiß)

2 Stumpenkerzen

1 Deko-Haus aus Beton

1 Origami-Christbaum-
anhänger aus Papier (weiß)

1 Dalarna-Pferdchen

In diesem natürlichen Arrangement sind die beiden Sukkulenten mit ihren sanften Blau-Grün-Tönen eine außergewöhnliche „Zutat".

Ideal ist ein rundes Tablett aus Keramik oder Metall. Hierauf werden die beiden Stumpenkerzen, das Deko-Haus, die Sukkulenten in den kleinen Übertöpfen sowie die Kiefernzapfen locker platziert.

Die Zwischenräume mit etwas Moos auffüllen und die Schneebeeren und Thujazweige darauf verteilen. Zum Schluss den Origami-Christbaumanhänger und das Dalarna-Pferdchen auf dem Tablett platzieren.

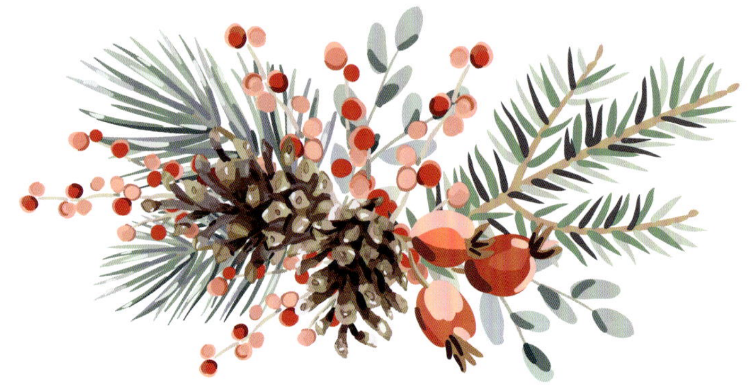

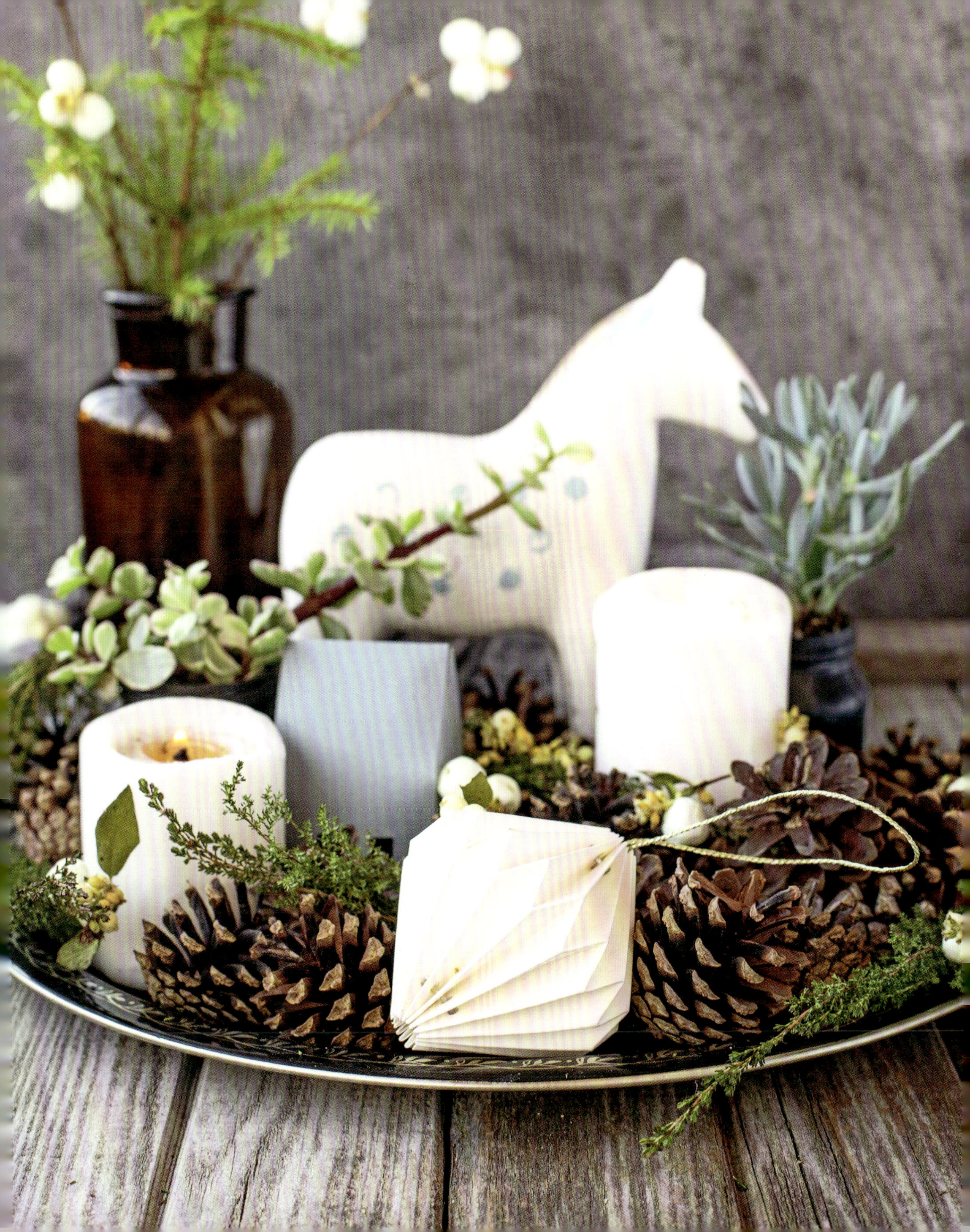

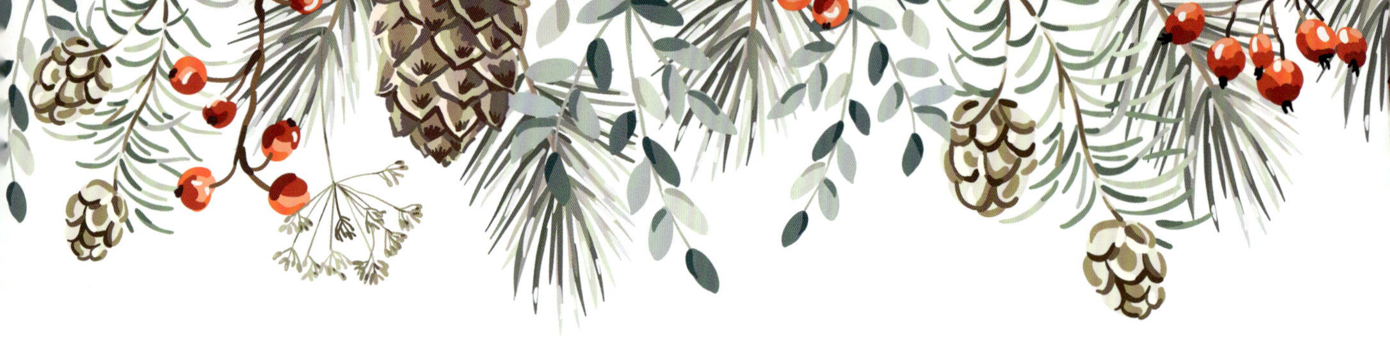

Tischdeko

Was wäre die Festtafel in der Advents- und Weihnachtszeit ohne den entsprechenden Tischschmuck? Er gehört einfach dazu und lässt sich selbst gemacht ganz wunderbar auf die übrige Dekoration im Raum abstimmen. Dabei kann man je nach Geschmack und eigenen Vorlieben entweder auf üppige Gestecke mit Kerzen oder ganz schlicht-puristische Naturdeko zurückgreifen, die sich auch gegebenenfalls im Januar mit wenigen Handgriffen umschmücken lässt.

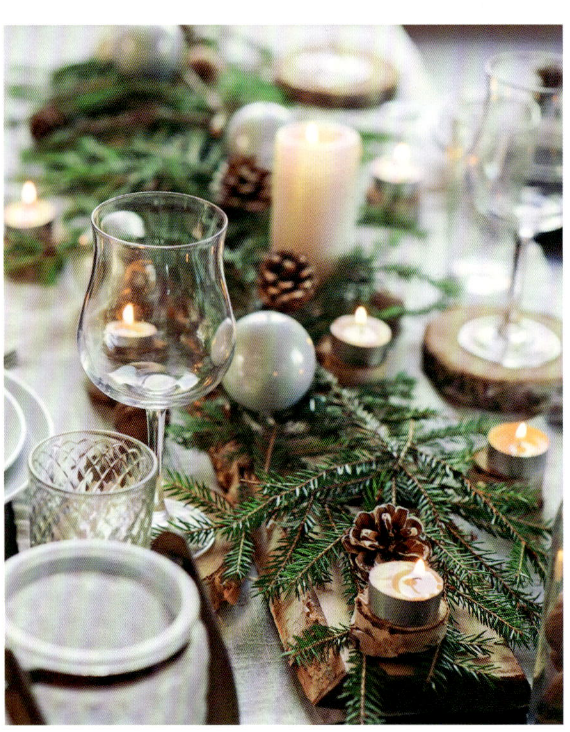

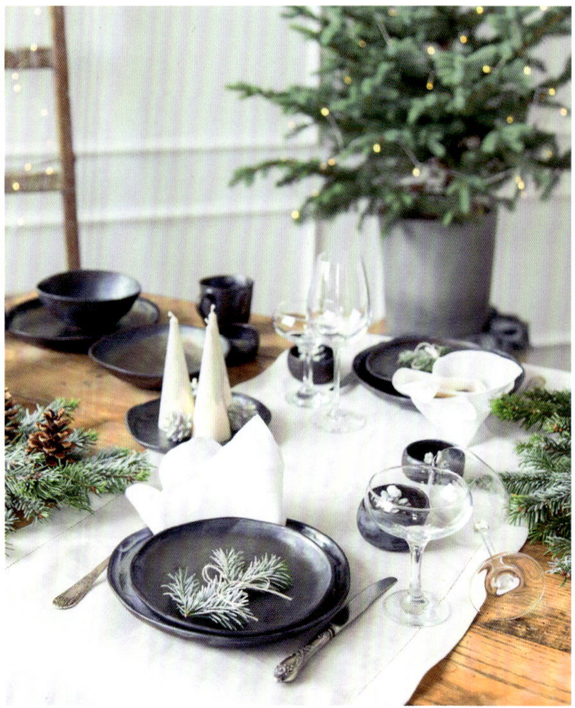

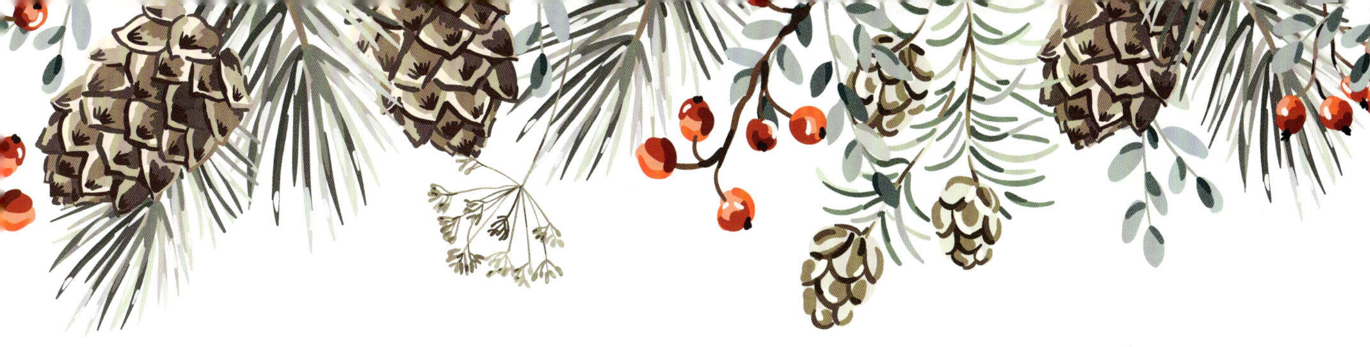

Generell sollte man bei Dekorationen aus Naturmaterialien darauf achten, dass keine giftigen Bestandteile enthalten oder diese für Kinder und Tiere nicht erreichbar sind. Das gilt natürlich ganz besonders für die Tischdekoration. Aber wenn man das beachtet, ist eine grüne Tischdeko auf der festlichen Weihnachtstafel einfach am schönsten!

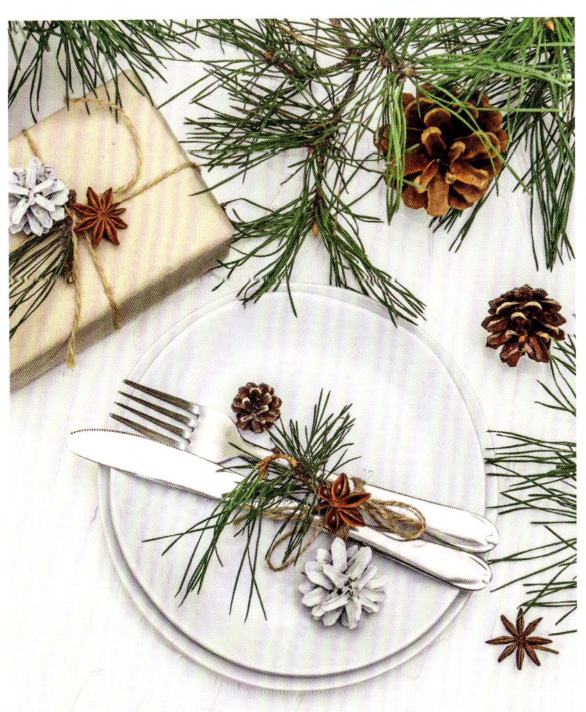

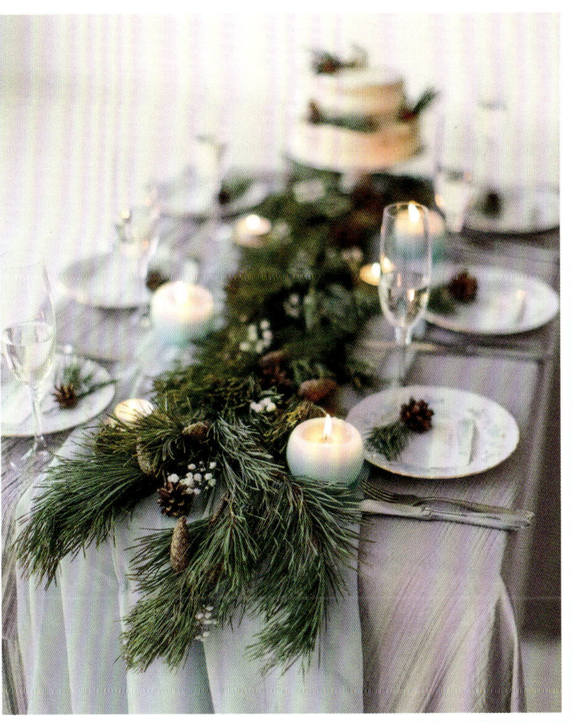

Dekoration für die Festtafel

Material

Schmales Brett mit Baumkante (je nach Länge der Tafel)

4 Zweige Tanne

10 Kiefernzapfen

10 Astscheiben (Ø ca. 5 cm)

7 Teelichte (austauschbare Teelichte verwenden)

1 Kerzenstecker aus Metall

1 Stumpenkerze (weiß)

3–5 Christbaumkugeln (weiß metallic)

Gartenschere

Evtl. Handbohrer

Heißklebepistole

Diese Tischdekoration eignet sich auch für längere Tafeln. Aufgrund ihrer schmalen Form braucht sie nicht viel Platz.

Um den natürlichen Charakter der Tischdeko zu bewahren, nach Möglichkeit ein Brett mit Baumkante als Grundlage für das Arrangement verwenden.

Tannenzweige ohne ausladende Verästelungen auswählen und mit Heißkleber der Länge nach hintereinander auf dem Brett fixieren. Dabei darauf achten, dass die Zweige sich leicht überlappen.

In die Zwischenräume mit Heißkleber fünf Astscheiben auf das Holzbrett aufkleben, die Teelichte darauf platzieren und ebenfalls mit Heißkleber befestigen. Zwei weitere Teelichte mit Heißkleber auf zwei weiteren Astscheiben befestigen und diese später auf der Tafel locker zwischen den Gedecken positionieren.

Die Kiefernzapfen über das Brett verteilt festkleben und die Kugeln ebenfalls mit Heißkleber fixieren.

Zum Schluss den Kerzenhalter in das Brett stecken, hierfür gegebenenfalls mit einem kleinen Handbohrer ein Loch vorbohren. Die Stumpenkerze hinzufügen.

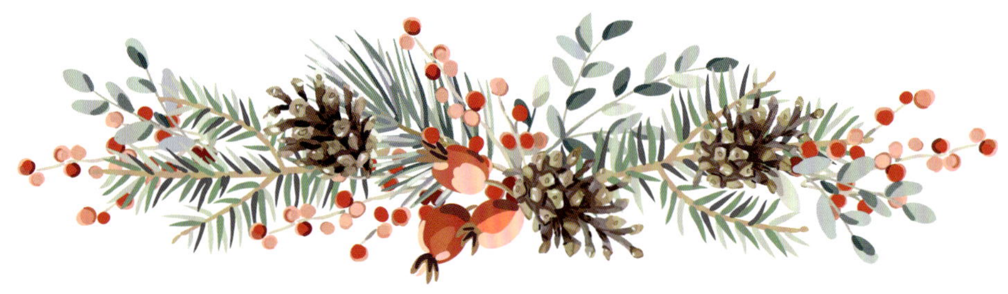

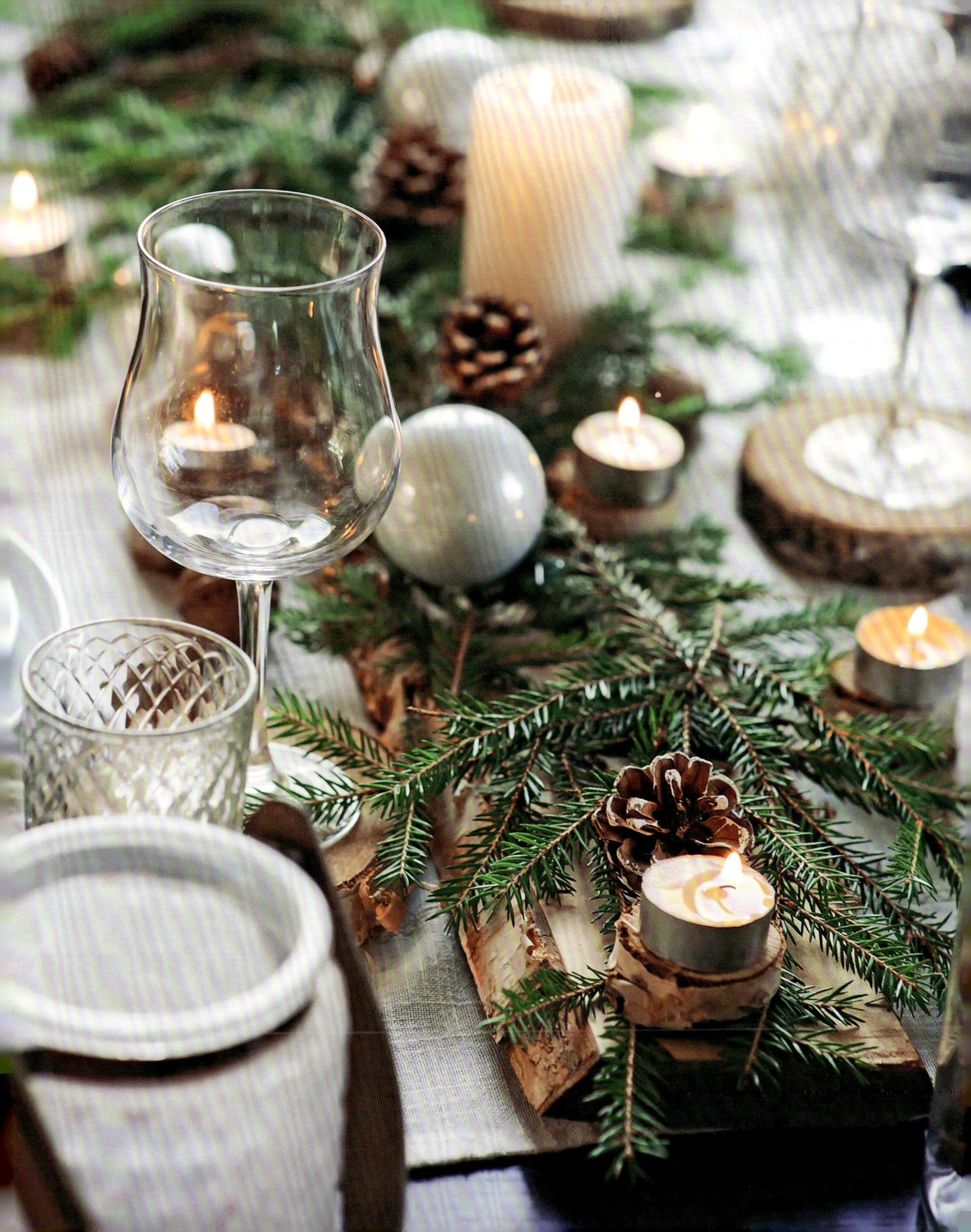

Festliche Tischgirlande

Material

Dicke Kordel (Länge je nach Länge des Tisches)

6–8 Zweige Kiefer mit Zapfen

15 Kiefernzapfen

6 kleine Zweige Schleierkraut (weiß)

Teelichthalter aus Glas

4 Teelichte

4 Kugelkerzen (grün-weiße Verlaufsfärbung)

Blumendraht

Bindedraht

Gartenschere

Heißklebepistole

Kiefern überzeugen auch als Tischdeko mit ihren seidig-glatten Nadeln und ihrem würzigen Duft nach Baumharz. Fügt man noch Kiefernzapfen und etwas Schleierkraut hinzu, hat man schon alle Materialien für diese hübsche Tischgirlande beisammen.

Zuerst jeweils einen Knoten in die Kordelenden binden. Dann die Kiefernzweige an der Kordel festdrahten. Dazu an einem Knoten den Bindedraht fest um die Kordel schlingen. Einen Zweig an die Kordel legen und dessen Ende mit dem Bindedraht umwickeln und so an der Schnur befestigen. Den Draht abschließend fest verdrehen. Die Zweige weiter überlappend befestigen, bis die ganze Kordellänge bedeckt ist.

Mit Heißkleber die Kiefernzapfen auf den Zweigen festkleben. Das Schleierkraut zurechtschneiden und zwischen die Kiefernzweige schieben.

Zum Schluss links und rechts neben der Girlande die Teelichte in den Glashaltern sowie die Stumpenkerzen auf dem Tisch platzieren. Unbedingt auf genügend Abstand zu der Girlande achten und die Stumpenkerzen nicht völlig niederbrennen lassen. Die Kerzen immer im Auge behalten und rechtzeitig löschen!

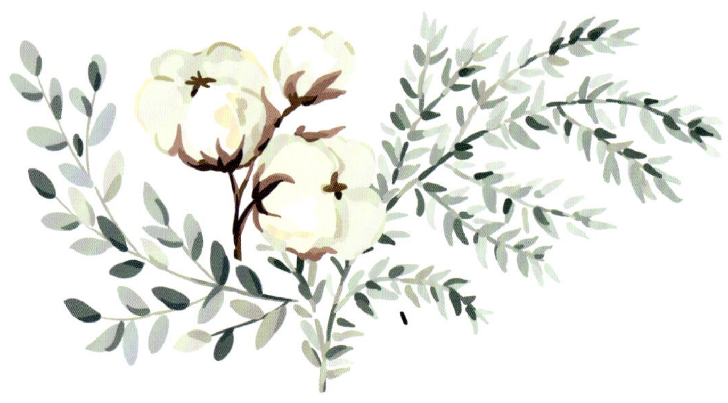

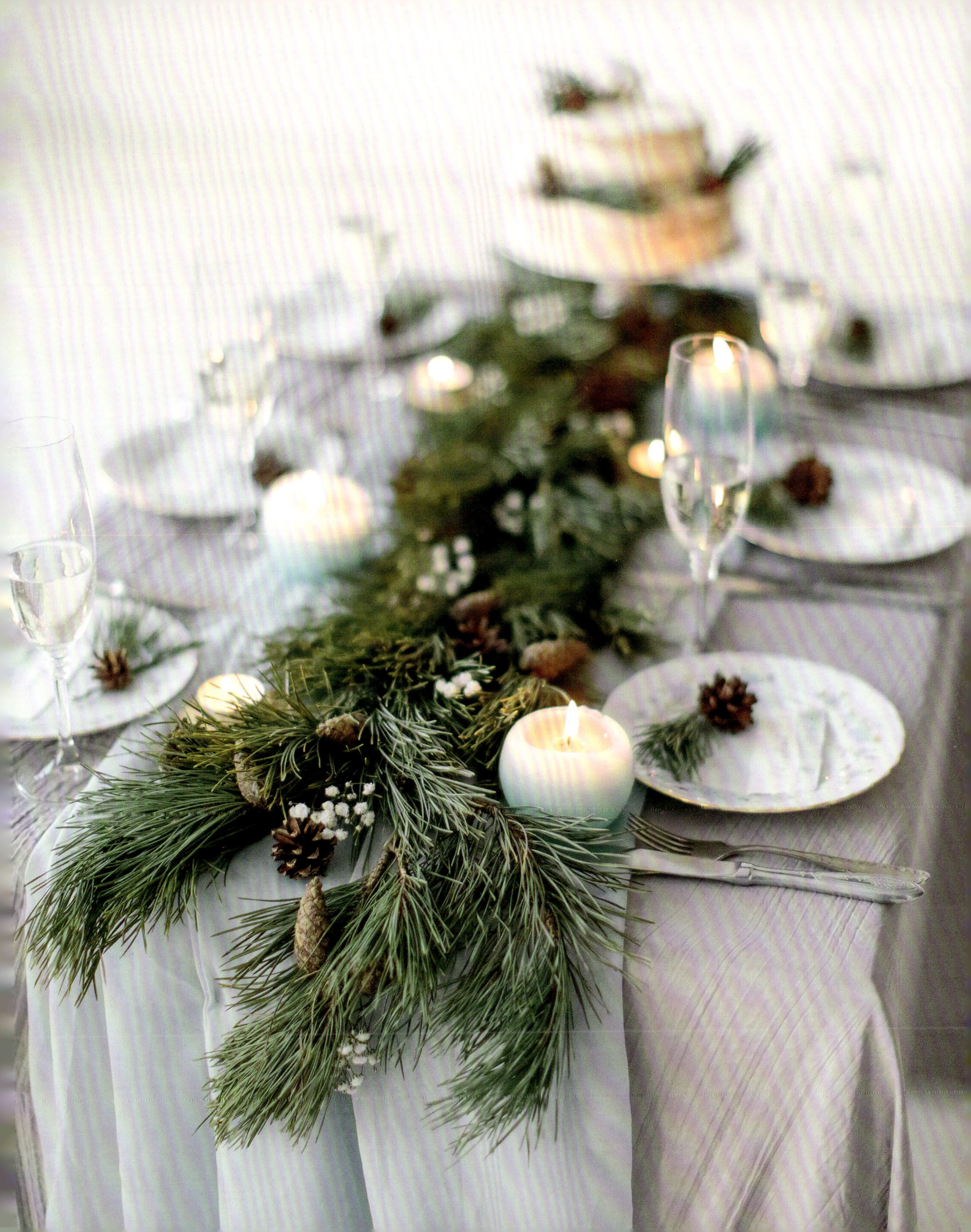

Einfacher Walnuss-Korb

Material

Drahtkorb (mattgrau)

4 Baumkerzenhalter zum Klemmen (antiksilberfarben)

4 Stabkerzen (weiß)

4 kleine Zweige Tanne

Ca. 20 Walnüsse

Dünner Draht (silberfarben) oder Blumendraht

Gartenschere

Dieser filigrane Adventskorb besticht durch seine natürliche Schlichtheit. Gleichzeitig dient er der Aufbewahrung von Walnüssen, die gerade in der Adventszeit eine gesunde Knabberei sind.

Die kleinen Tannenzweige auf die passende Länge zurechtschneiden und mit der Klemmhalterung der vier Baumkerzenhalter am Korbrand befestigen. Die Zweige sollten so arrangiert werden, dass die Spitzen in dieselbe Richtung zeigen.

Zum Schluss die Stabkerzen in die Kerzenhalter stecken und den Korb mit Walnüssen befüllen. Am besten gleich einen dekorativen Nussknacker dazulegen!

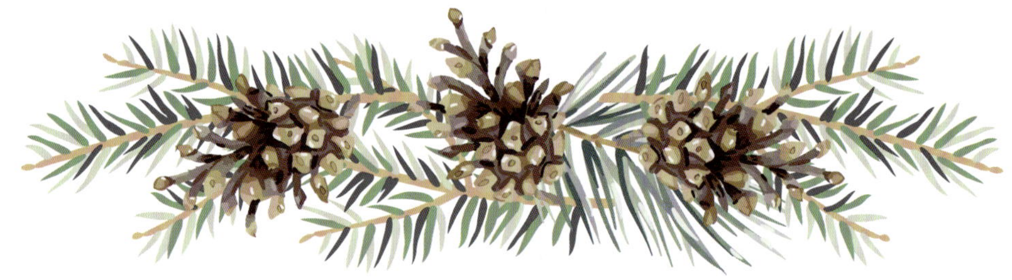

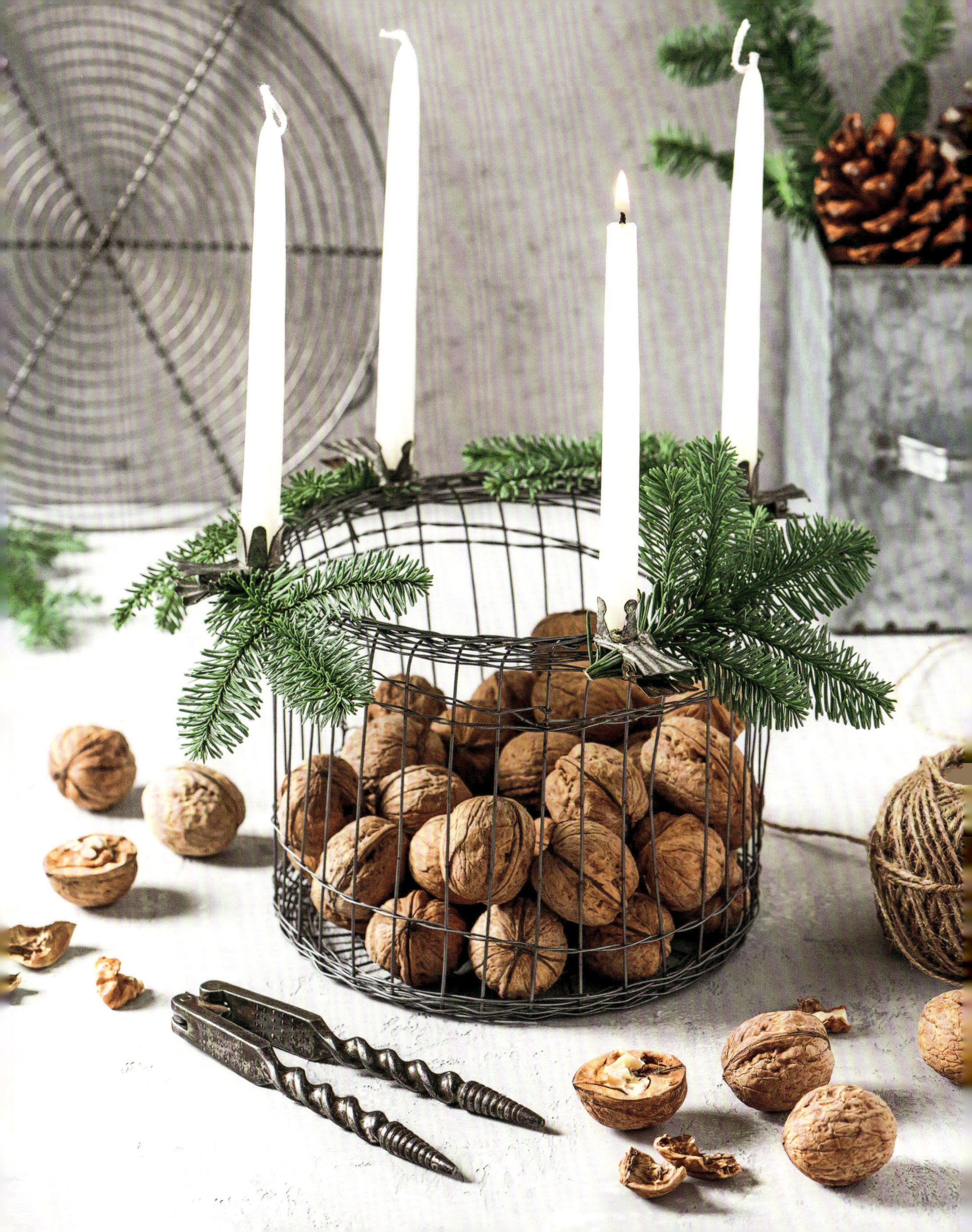

Scandi-Tischdeko

Material

für zwei Gedecke (nach Anzahl der Gäste anpassen)

Tischläufer aus Leinen (weiß)

Servietten aus Leinen (weiß)

2 Platzteller und 2 Speiseteller (anthrazit)

2 Messer und 2 Gabeln

2–4 Gläser je nach Wunsch

4–5 passende Schälchen (anthrazit)

2 zusätzliche Steingut-Teller (anthrazit)

2 Zweige Tanne

6 große Kiefernzapfen

6 kleine Kiefernzapfen

3 kegelförmige Kerzen (weiß)

Buntlack- oder Acrylspray (weiß)

Gartenschere

Heißklebepistole

Optional:

Kleine Tanne im Topf

Übertopf in Betonoptik

LED-Lichterkette

Bei dieser schlichten Natur-Tischdeko geht es ganz besonders um das stimmige Gesamtbild. So bieten sich zu dem hübschen Wintergrün und den verschiedenen Zapfen Tischläufer und Servietten aus Leinen sowie Steingut-Geschirr mit ihrer natürlichen Haptik an. Besonders edel wirken hier Kontrastfarben, z. B. hellcremefarbene Textilien und anthrazitfarbenes Geschirr.

Die Arbeitsfläche abdecken, z. B. mit Zeitung, dann die kleinen Kiefernzapfen und auch stellenweise das Tannengrün mit Acrylspray in Weiß besprühen und trocknen lassen.

Die Tannenzweige einfach auf den Tisch legen und die großen Kiefernzapfen mit Heißkleber drauf festkleben.

Die Kerzen auf einem Steingut-Teller platzieren und die weiß besprühten Kiefernzapfen locker dazu arrangieren. Weitere kleine weiße Zapfen dekorativ in Schälchen auf dem eingedeckten Tisch platzieren.

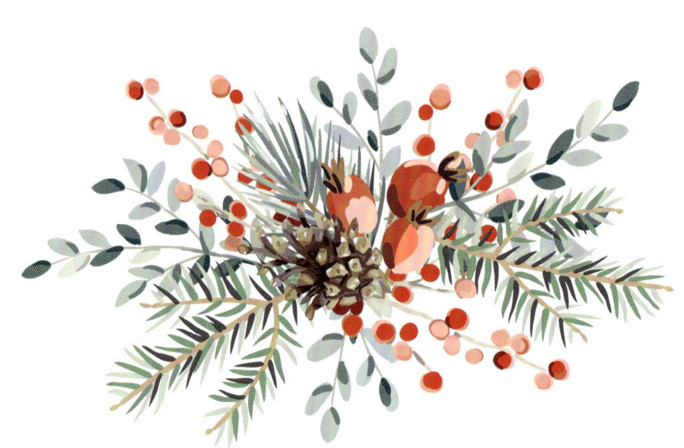

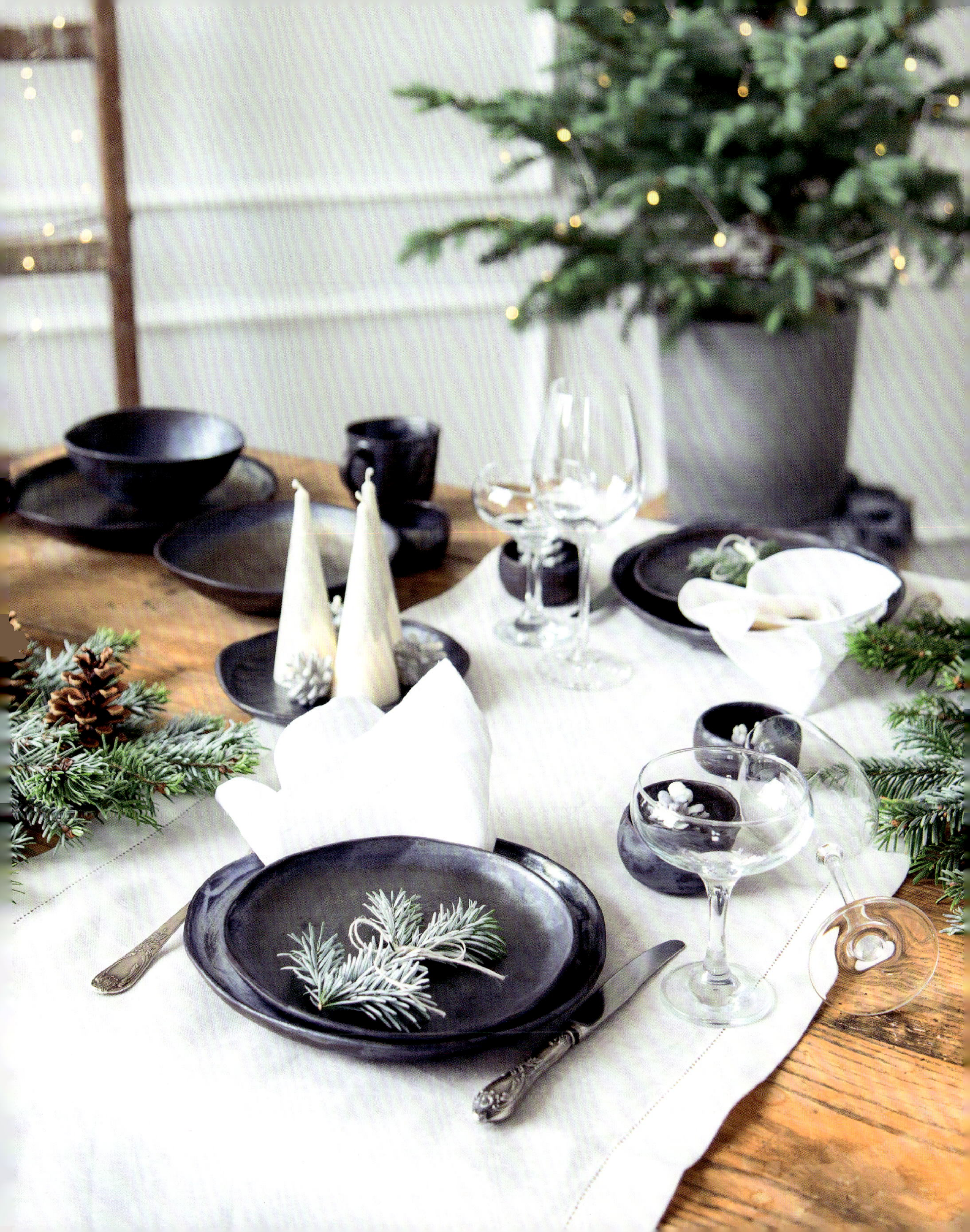

Schlichte Kiefern-Deko

Material

für ein Gedeck (nach Anzahl der Gäste anpassen)

1 Platzteller und 1 Speiseteller (helles Steingut)

Messer und Gabel

1 Zweig Kiefer mit langen Nadeln

5–6 Kiefernzapfen (unterschiedlich groß)

5–6 Anissterne

Acryl-Sprühlack (weiß)

Kordel (naturfarben)

Außerdem für die Geschenkverpackung:

Packpapier (naturfarben)

Klebeband

Schere

Für eine schöne Tischdekoration braucht es gar nicht viel. Ein paar Kiefernzweige mit wenigen anderen Elementen sorgen schon für eine festliche Atmosphäre. Ganz besonders stimmungsvoll wirkt es, wenn einem ein Gesamtbild gelingt und sich z. B. die Tischdekoration in der Verpackung von kleinen Geschenken wiederfindet, die ihrerseits auch den Tisch zieren.

Zunächst ein paar Kiefernzapfen mit dem Acryl-Sprühlack weiß einfärben. Dazu unbedingt den Arbeitsbereich abdecken, z. B. mit Zeitungspapier. Außerdem für gute Belüftung sorgen; am besten im Freien arbeiten.

Dann kleine Geschenkpäckchen mit dem Packpapier einpacken. Dabei darauf achten, dass alle Faltungen und Klebungen unten sind. Die Päckchen mit der Kordel umwickeln und eine Schleife binden. Jeweils einen kleinen Kiefernzweig unter die Kordel schieben.

Das Besteck mit der Kordel zusammenbinden. Je Messer-und-Gabel-Paar genügt meist ein Abschnitt von etwa 30 cm. Oben eine Schleife binden und auch hier einen kleinen Kiefernzweig unter die Kordel schieben. Das Besteck auf den Teller legen und je einen weißen und einen naturbelassenen Kiefernzapfen sowie einen Anisstern arrangieren.

Die Geschenkpäckchen und die restlichen Kiefernzweige als Dekoration auf dem Tisch verteilen und Zapfen und Anissterne um und auf die Päckchen legen.

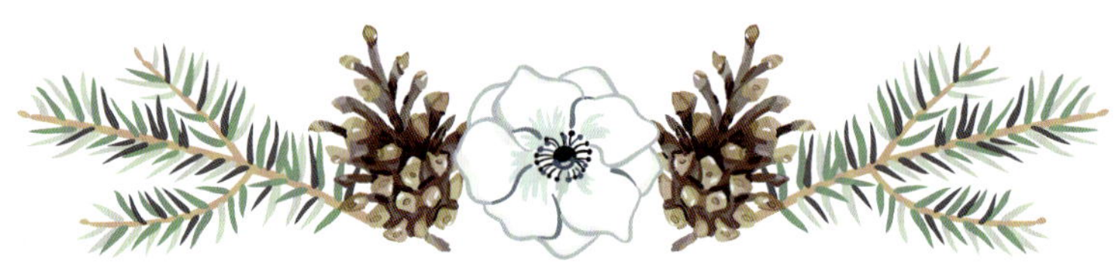

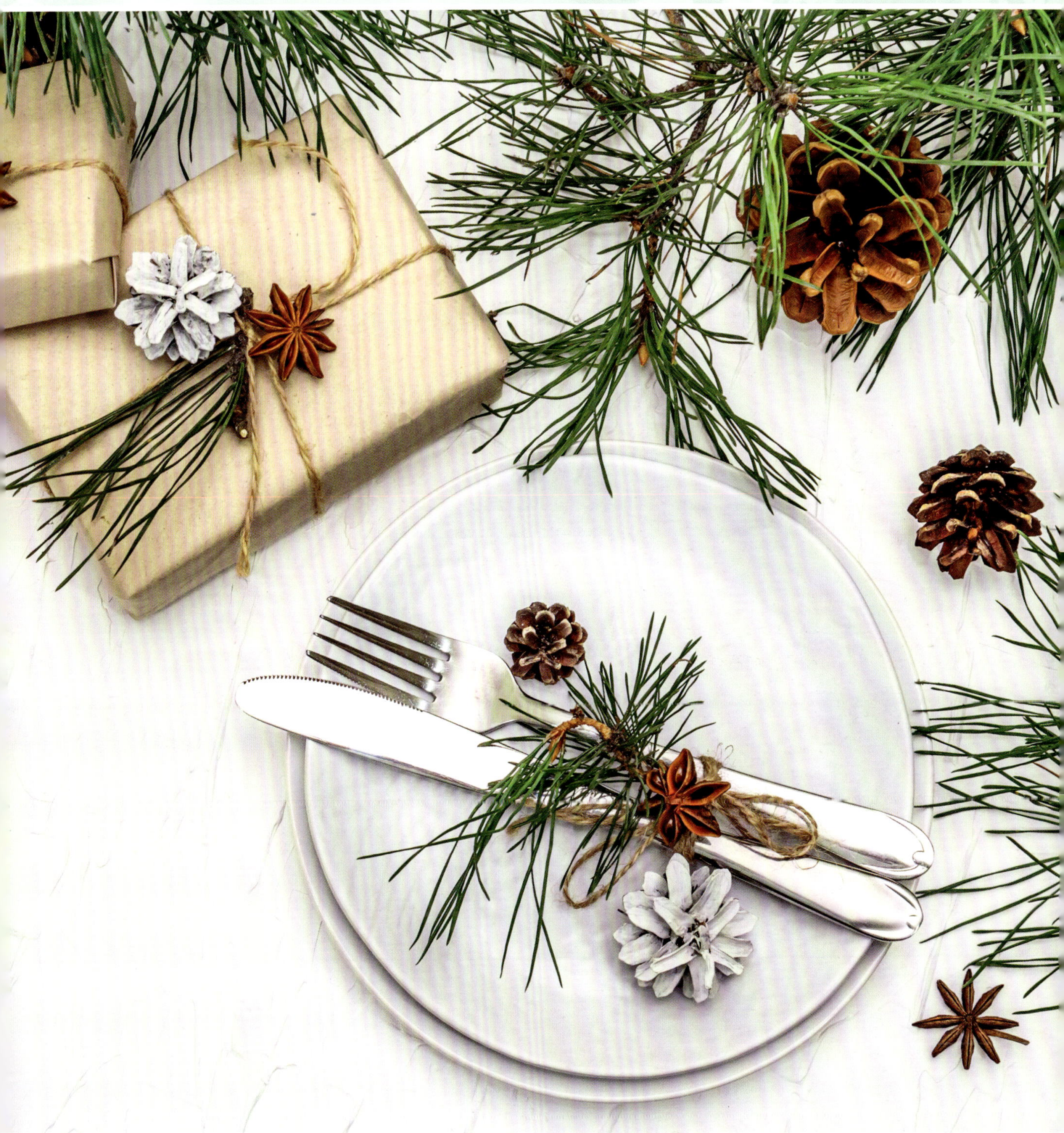

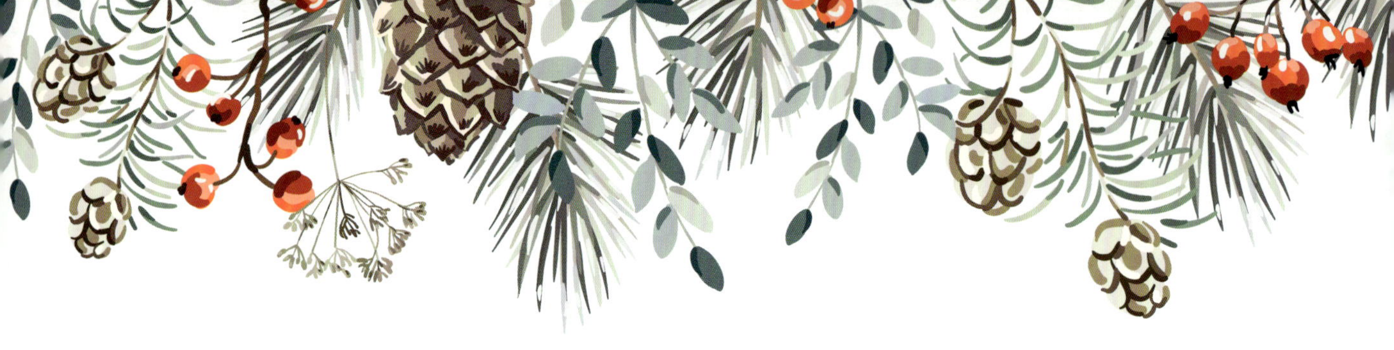

Geschenkverpackungen

Was wäre Weihnachten ohne Geschenke? Und was wären Weihnachtsgeschenke ohne eine hübsche Verpackung? Schließlich gehört es einfach zur Vorfreude auf das Fest, die Geschenke für Familie und Freunde liebevoll zu verpacken. Und dann ist es ganz wunderbar, beim Auspacken die freudige Erwartung in den Augen der Beschenkten zu sehen!
Schlicht geschnürte Päckchen in Pack- und Naturpapier punkten dabei sowohl in Sachen Natürlichkeit als auch beim Thema Nachhaltigkeit.

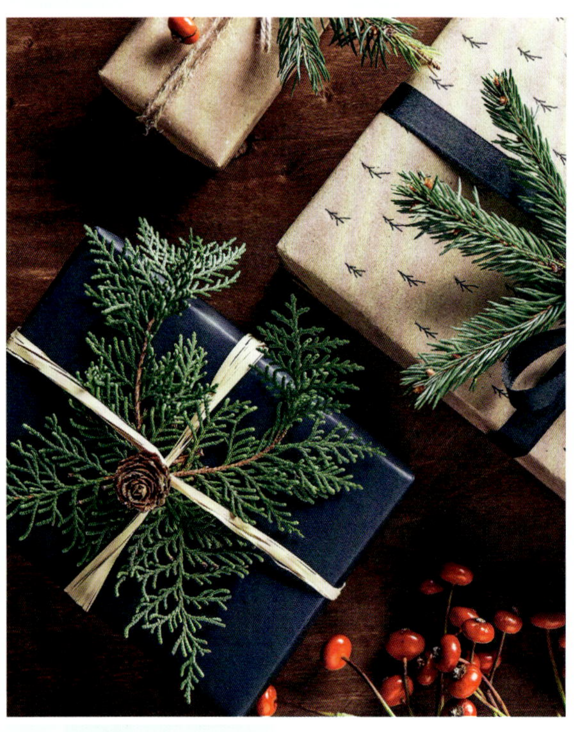

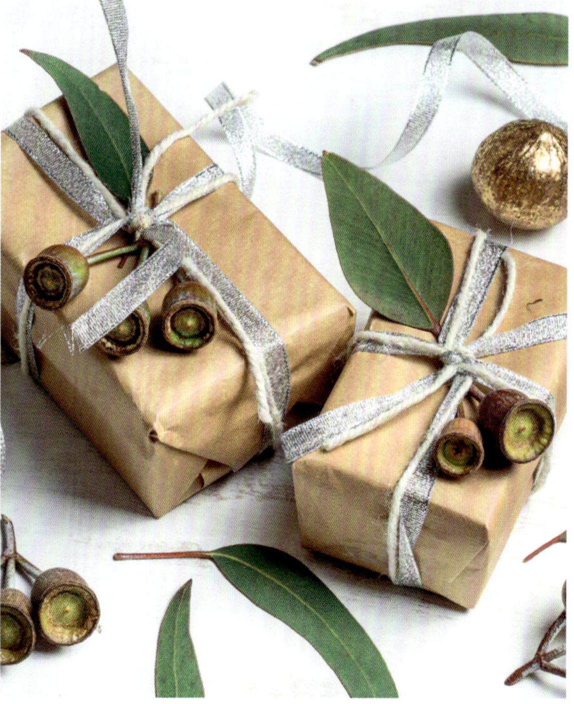

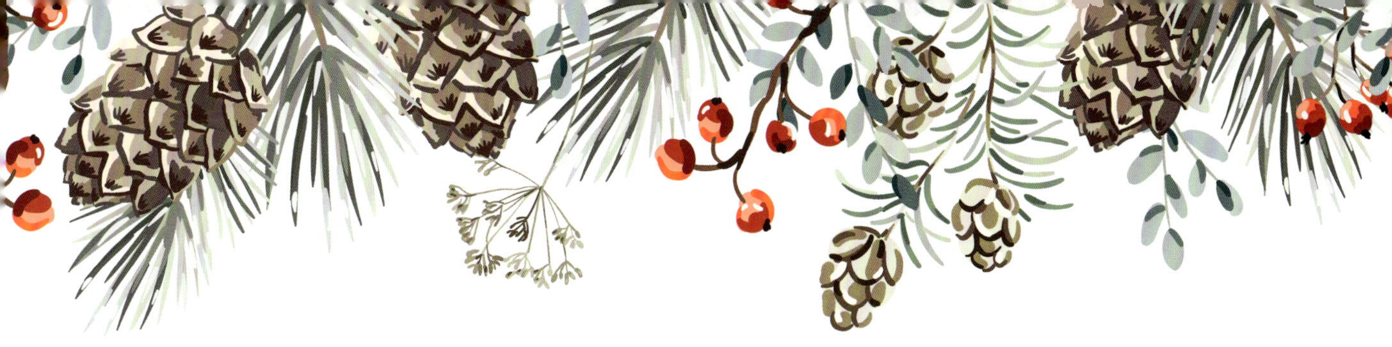

Ganz besonders gilt dies natürlich, wenn man die Präsente in wiederverwendbare Materialien, wie z. B. Stoffreste oder schöne Geschirrhandtücher, einschlägt. Dezente Verpackungen wirken mit grüner Deko ganz besonders effektvoll. Sie verleihen dem mit Bedacht ausgesuchten Geschenk erst den letzten Schliff. Und wenn man auf lackiertes Papier und Geschenkbänder aus Kunststoff verzichtet, hat man beim Verschenken wegen der Nachhaltigkeit des Materials ein richtig gutes Gefühl!

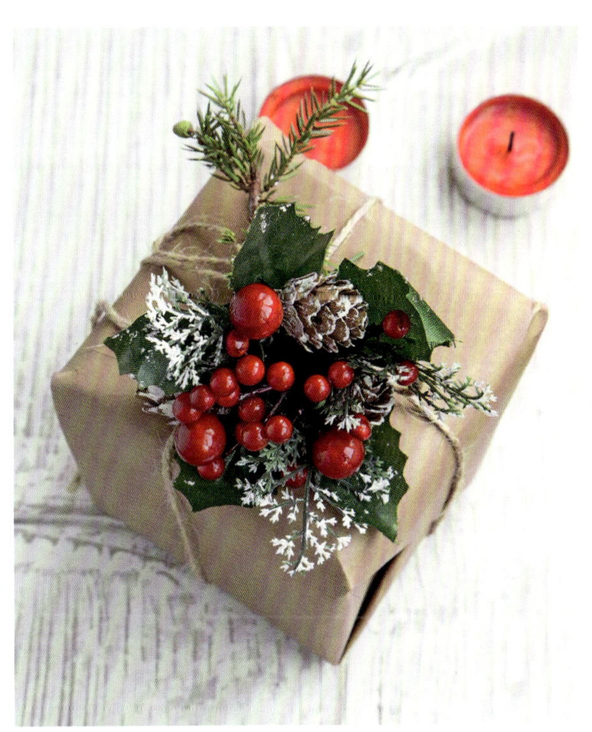

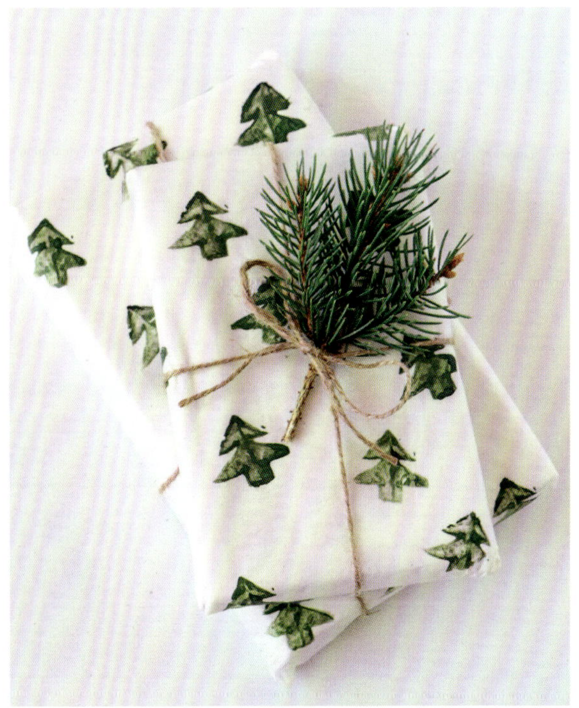

Edle Verpackung in Schwarz

Material

Packpapier (Vorderseite naturfarben, Rückseite mattschwarz)

Stempel und Stempelkissen nach Wahl

Klebeband

Satinband (schwarz)

Strohband (naturfarben)

1 kleiner Zweig Thuja

1 kleiner Zweig Tanne

1 kleiner Zweig Blautanne

2 kleine Kiefernzapfen

Deko-Hagebuttenbeeren

Schere

Gartenschere

Blumendraht

Heißklebepistole

Packpapier hat man häufig vorrätig. Um diese schlicht-schönen Verpackungen nachzuarbeiten, braucht man zusätzlich lediglich einen hübschen Stempel mit Tannenzweigmotiv und ein Stempelkissen.

Naturfarbenes Päckchen

Zuerst die naturfarbene Seite des Packpapiers mit dem Stempel bedrucken. Je nach Wunsch auf eine regelmäßige Anordnung achten. Farbe trocknen lassen.

Dann das Geschenk mit dem bedruckten Packpapier so eingeschlagen, dass alle Papierfaltungen rückseitig liegen. Das Satinband um das Päckchen legen und zu einer Schleife binden. In die Schleife mit doppeltem Knoten einen Tannenzweig und eine Deko-Beere miteinbinden. Mit Heißkleber einen Zapfen befestigen.

Schwarzes Päckchen

Das Packpapier umdrehen und das Geschenk so einschlagen, dass die mattschwarze Rückseite nach außen kommt. Alle Papierfaltungen nach hinten schlagen.

Das Strohband zurechtschneiden und um das Päckchen legen. Dort, wo sich das Band auf der Päckchenvorderseite kreuzt, das Strohband verknoten und umseitig auf der Rückseite zubinden.

Für den Thujastern vier Zweigspitzen zu einem Viererstern legen. Die Stiele zusammendrahten und fixieren, dann den Stern unter das Strohband schieben. Obenauf einen kleinen Kiefernzapfen mit Heißkleber befestigen.

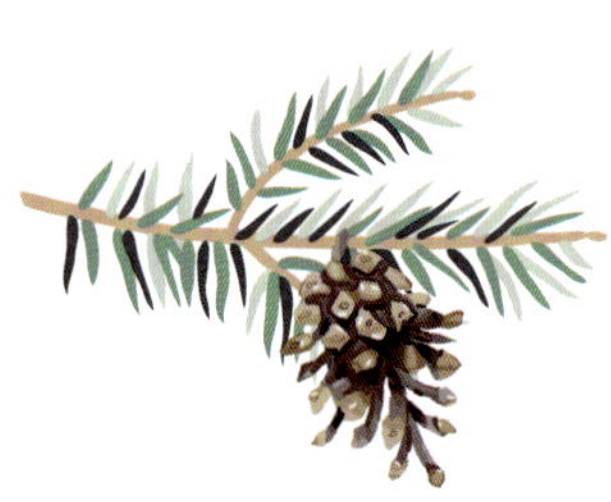

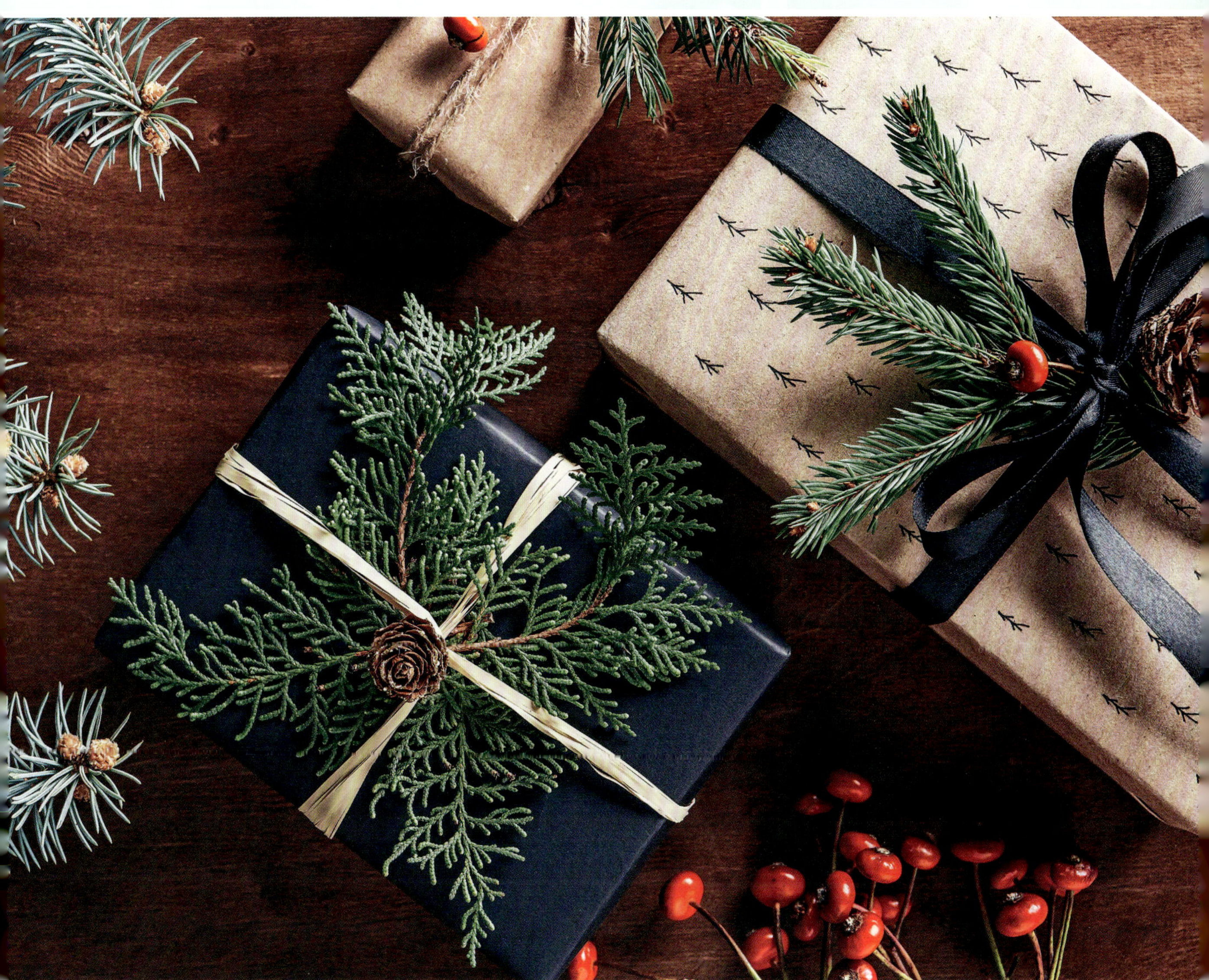

Natürliche Geschenkverpackung

Material

Packpapier

evtl. Klebeband

Geschenkband aus Stoff (silberfarben)

Kordel

1 kleiner Zweig Zitronen-Eukalyptus

2–3 Büschel Eukalyptus-Kapseln

Optional 2 Mini-Christbaum-kugeln (creme-goldfarben)

Schere

Die Formschönheit von Pflanzenkapseln ist hier schon Deko-Element genug und bereichert die schlicht-gebundene Verpackung.

Das Packpapier passend zur Größe der Geschenke zuschneiden. Die Geschenke in das Packpapier einschlagen und dabei darauf achten, dass sämtliche Papierfaltungen rückseitig liegen.

Das hübsche Geschenkband aus Stoff sowie die Kordel um die Päckchen legen und jeweils dekorativ verknoten. Unter das Schleifenband ein Eukalyptusblatt schieben und die Kapseln hinzufügen.

Wer mag, kann noch eine kleine Christbaumkugel mit in die Schleife einbinden und damit die Verpackung zusätzlich veredeln.

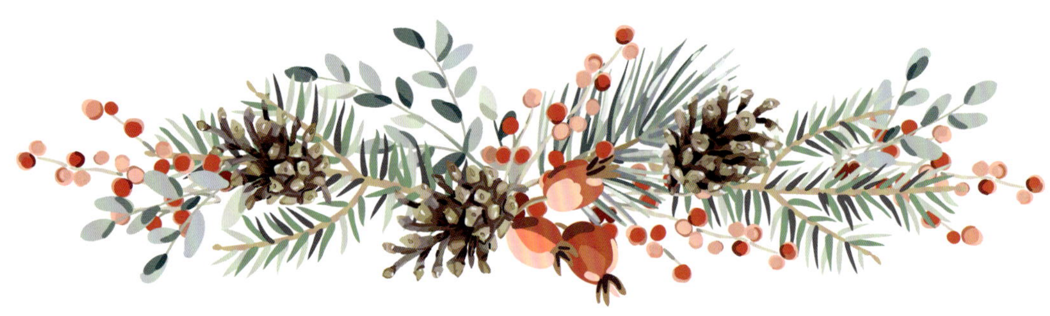

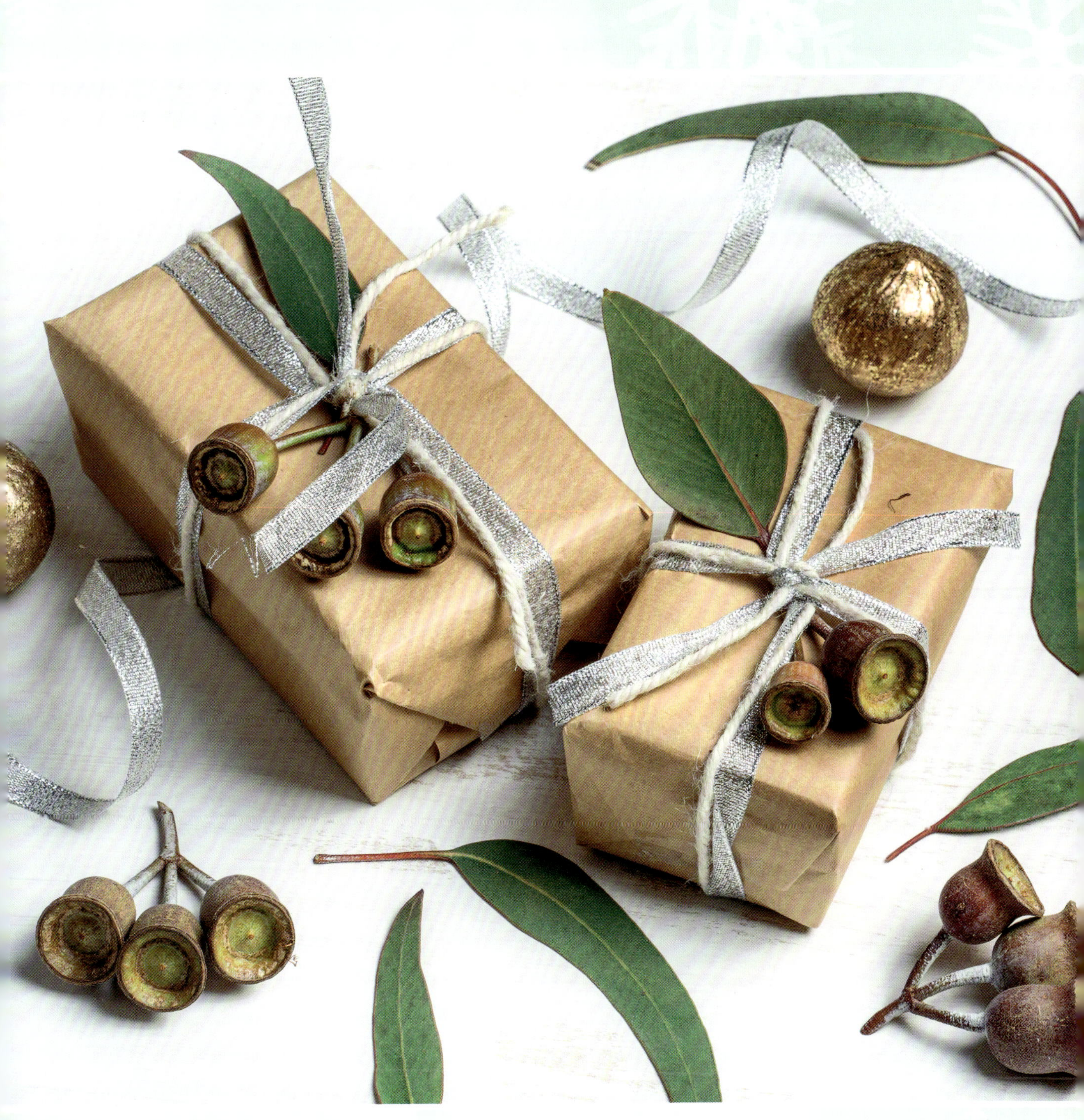

Recycling-Verpackung aus Stoff

Material

Grober Stoff (cremefarben), z. B. Stoffrest oder Leinen-Geschirrhandtuch

Spitzenband (cremefarben)

1 Zweig Kiefer

1 großer Kiefernzapfen

1 Zweig Deko-Beeren (weiß)

5–6 Stecknadeln

Blumendraht

Gartenschere

Schere

Einfache einfarbige Stoffe oder Geschirrhandtücher sind eine wunderschöne und vor allem nachhaltige Alternative zum herkömmlichen Geschenkpapier. Verwendet man je nach Geschenkgröße beispielsweise eine Leinenserviette oder ein Geschirrhandtuch, so ist bereits die Verpackung ein Geschenk für sich.

Das Geschenk mit der Unterseite nach oben mittig auf den Stoff oder das Tuch legen. Dann die Stoffkanten über dem Geschenk übereinanderlegen und jeweils mit einer Stecknadel fixieren. Darauf achten, dass sich die Nadelspitzen unter dem Stoff befinden, damit man sich nicht sticht.

Das breite Spitzenband um das Geschenk legen und auf der Rückseite mit ein oder zwei Stecknadeln fixieren.

Nun auf der Vorderseite des Pakets einen Kiefernzweig und die weißen Deko-Beeren am Band festdrahten.

Zum Schluss den großen Kiefernzapfen mit Blumendraht am Kiefernzweig befestigen.

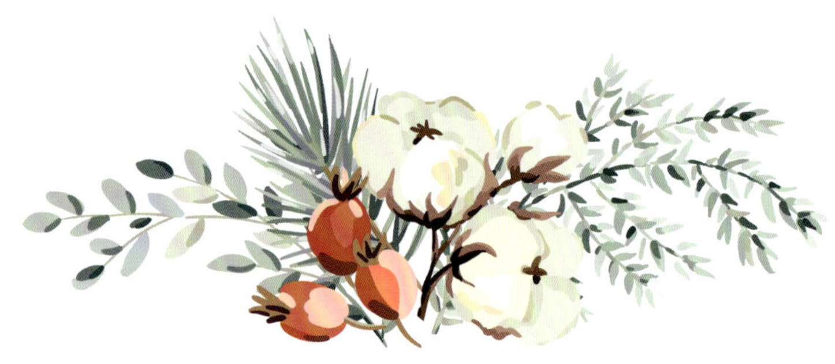

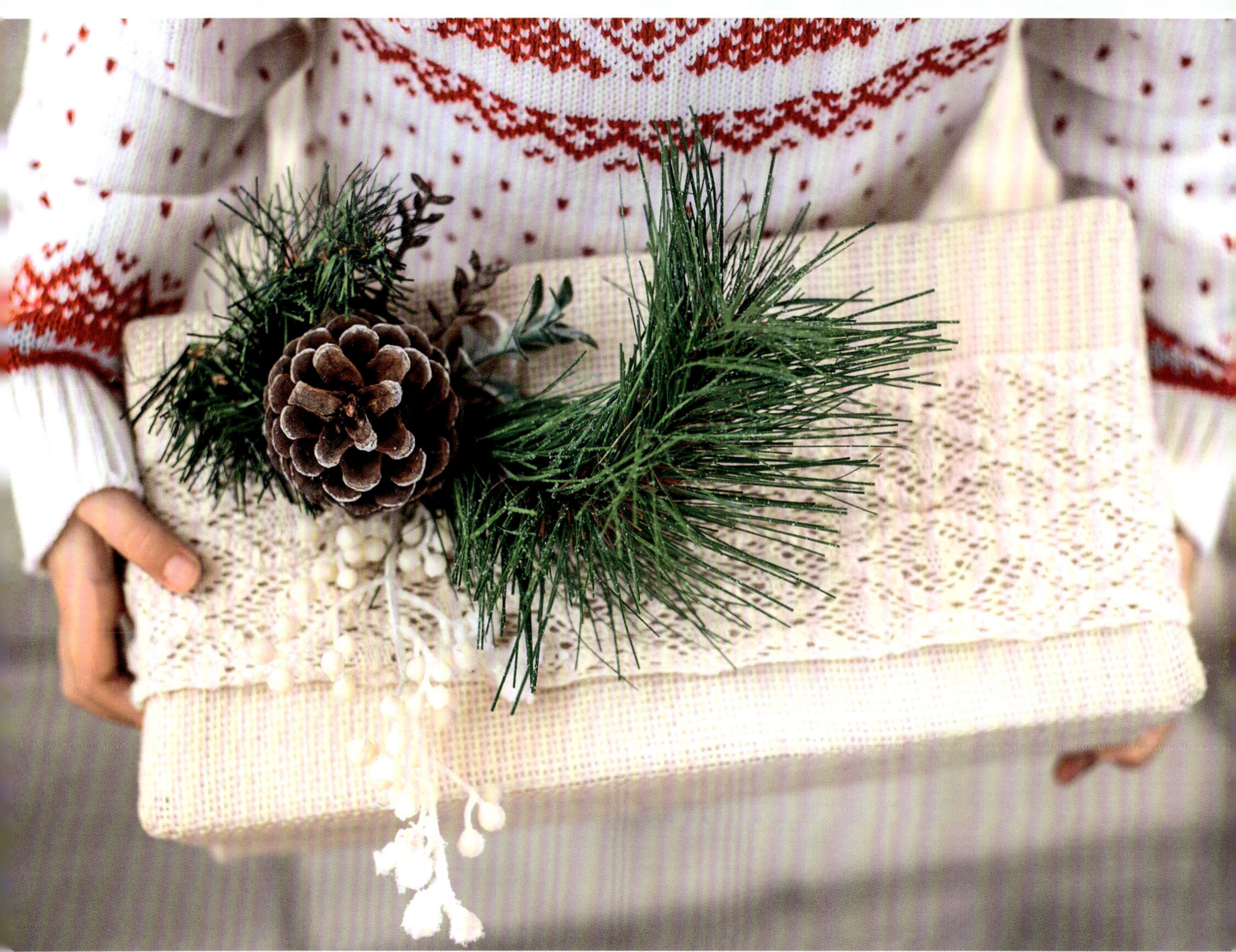

Verpackung mit Mini-Gesteck

Material

Packpapier
Kordel
evtl. Klebeband
5 Ilexblätter
1 kleiner Zweig Nadelgrün
1 kleiner Kiefernzapfen
2 Zweige Strandflieder
1 Zweig Deko-Beeren (rot)

Nähgarn
Nähnadel
Blumendraht

Bei diesem Päckchen ist der hübsch dekorierte Ilexstern der besondere Hingucker. Dabei kann man sowohl echte als auch künstliche Ilexblätter verwenden. Künstliche Blätter, wie hier, haben den Vorteil, dass das hübsche kleine Blumenarrangement auch im nächsten Jahr wieder ein Geschenk zieren kann.

Packpapier zurechtschneiden und das Päckchen darin einschlagen. Das Päckchen mit der Kordel eng zusammenschnüren und damit die Faltung fixieren. Obenauf eine dekorative Schleife binden.

Für den Ilexstern fünf Blätter zu einem Stern zusammenlegen. Das Nähgarn einfädeln und die Blätter in der Mitte zusammennähen.

Einige Deko-Beeren, den Strandflieder und den Kiefernzapfen in die Mitte legen und alles mit Draht zusammenbinden. Den Draht rückseitig verdrehen und dabei den gesamten Stern an der Kordelschleife befestigen.

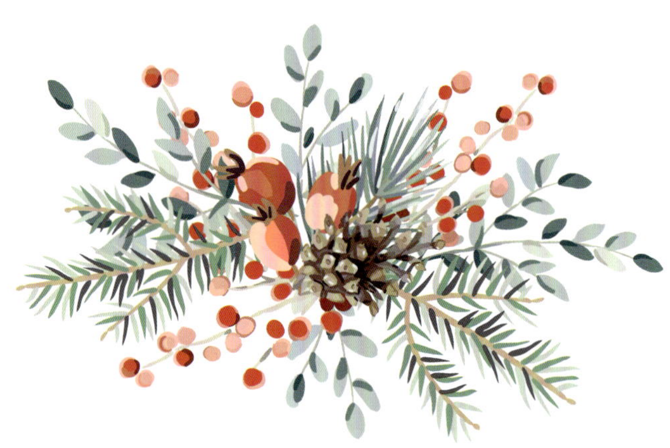

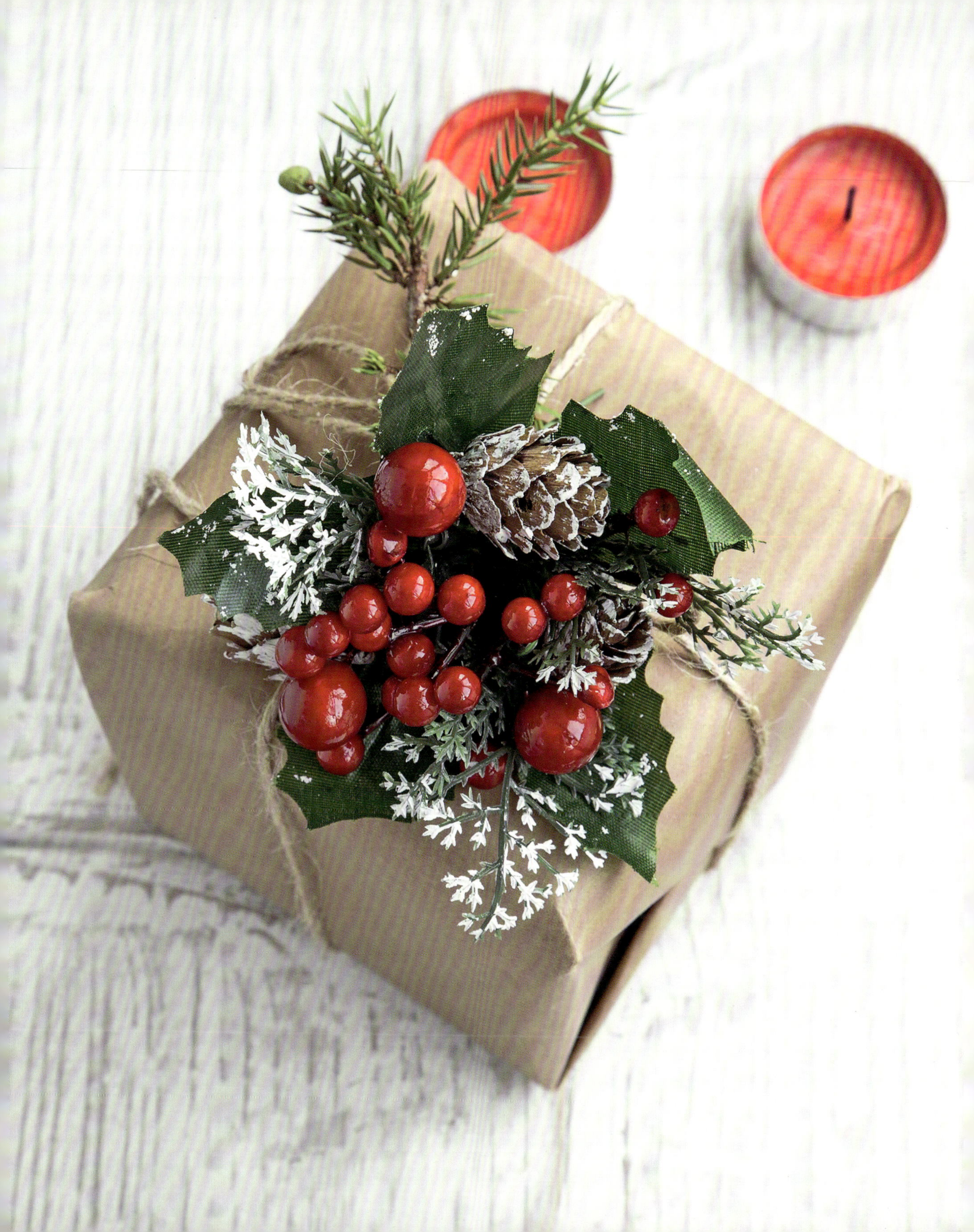

Verpackung mit Kartoffeldruck

Material

Packpapier (weiß oder hellcremefarben)
Kordel
evtl. Klebeband
Kartoffel
Bastelfarbe (grün)
1 kleiner Zweig Tanne

Kleines Küchenmesser
Schere
Pinsel
Teller

Einfacher und gleichzeitig weihnachtlicher geht es kaum, und das Material hat man rasch zusammen.

Eine rohe Kartoffel etwa halbieren. In die glatte Schnittfläche mit einem scharfen Küchenmesser die Kontur eines kleinen Tannenbaums einschneiden. Dann mit dem Messer das Material außerhalb der Tannenbaumform abtragen.

Den Kartoffelstempel in grüne Farbe tauschen und auf das weiße Papier drücken. Beliebig oft wiederholen. Die Farbe trocknen lassen.

Das Geschenk nun in das bestempelte Papier einschlagen und eng mit einer Kordel umwickeln, um die rückseitigen Papierfaltungen zu fixieren. Die Kordel auf der Vorderseite zu einer dekorativen Schleife binden.

Einen kleinen Tannenzweig unter die Kordelschleife schieben.

Tipp: Auch Sterne sind eine schöne Alternative für den Kartoffeldruck und sehen mit Gold- oder Silberfarbe gestempelt sehr edel aus!

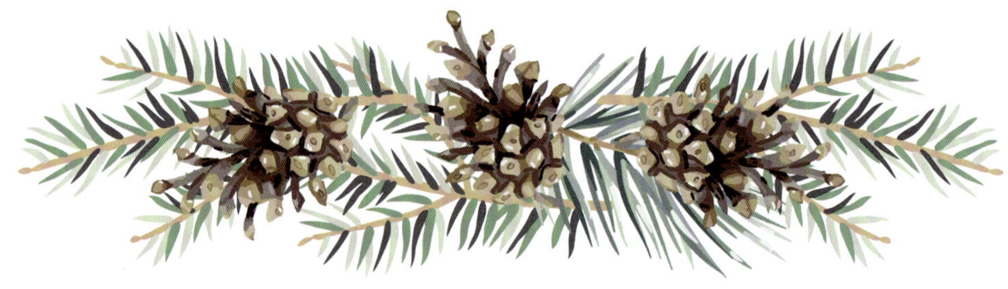

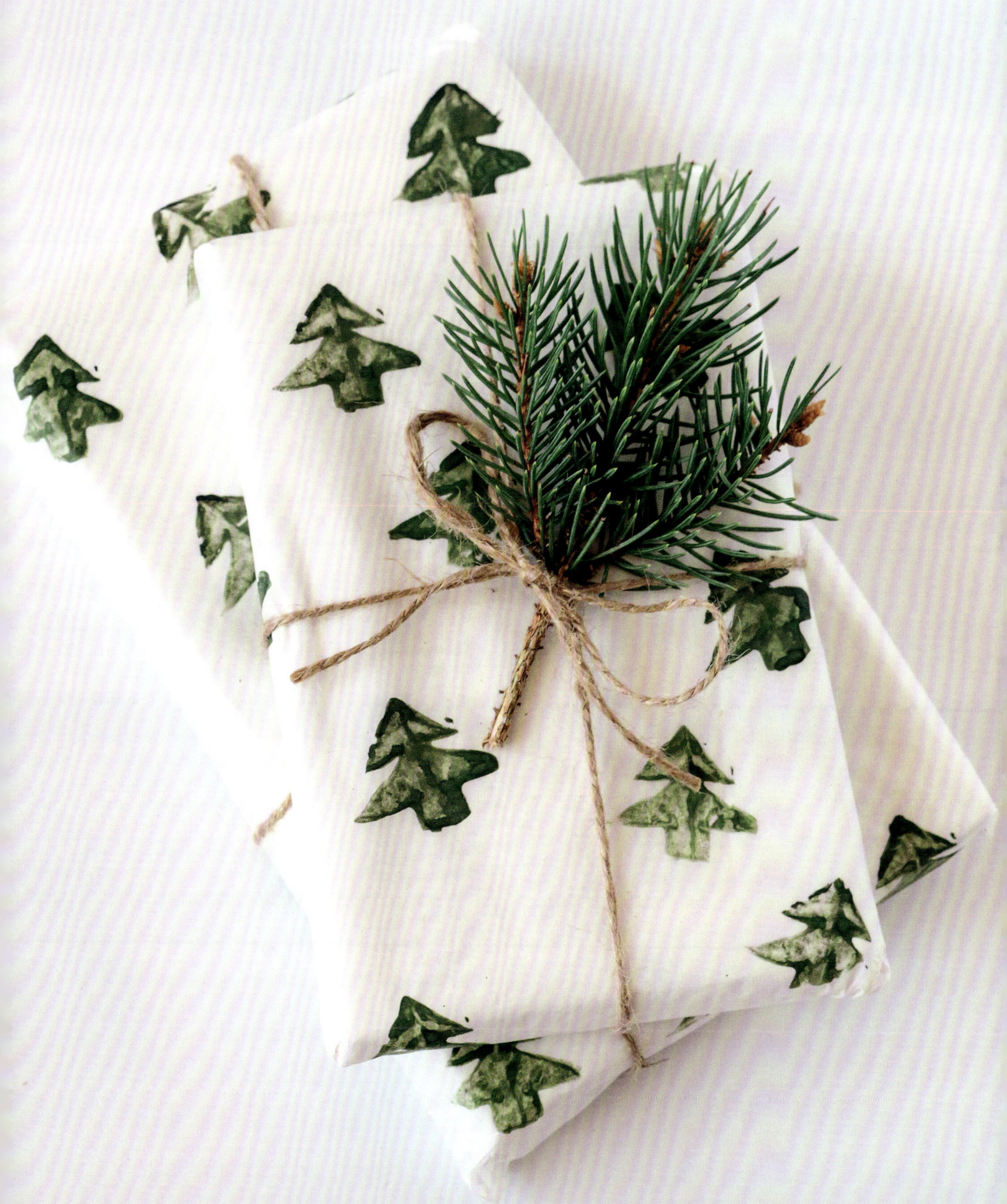

Bildnachweis

AdobeStock: Illustrationen: S. 4–5, 20–21, 26, 28, 30, 32, 34, 36, 38, 40, 42–43, 44, 46, 48, 52–53, 54, 56, 58, 60, 62, 64, 66, 68, 70–71, 72, 74, 76, 78, 80, 82–83, 84, 86, 88, 90, 92: ojardin; Fotos: S. 12: bong; S. 16: ScenaStudio; S. 17: maxandrew; S. 22–23: spa4764

iStock: Seitenhintergrund: S. 4–5, 20–21, 33, 35, 42–43, 45, 51, 52–53, 55, 63, 67, 70–71, 81, 82–83, 85, 87, 89: moonlight31

Shutterstock: Haupttitel, S. 19, 52 re, 63, 69: Nina Esk; S. 4 li, 21 li, 26–27: TabitaZn; S. 4 re, 43, 47: Julija Shanarey; S. 5 li, 70 li, 73: Maria Evseyeva; S. 5 re, 82 li, 85: LightField Studios; S. 7: Akasha; S. 8/9: Seventy Four; S. 10: FotosDo; S. 11: J. Spark; S. 13: Natalia Golubnycha; S. 14: Danita Delimont; S. 15: inmorino; S. 18, 42 li und re, 45, 49: Bogdan Sonjachnyj; S. 20 li, 29, 55: Sinellia; S. 20 re, 31, 33: Iryna Mandryka; S. 21 re, 39: Catherine Things; S. 24/25: Tatyana Soares; S. 35: Gyorgy Barna; S. 37: ANDRII SHUBIN; S. 41: Anna K Mueller; S. 43 li, 50–51: LeviaUA; S. 43 re, 52 li, 53 li, 59, 65, 77: Oksana_Schmidt; S. 53 re, 57: Anton Chernov; S. 61: KETriKET; S. 63, 67: Galina Grebenyuk; S. 70 re, 79: Akasha; S. 71 li, 81: FuzullHanum; S. 71 re, 75: Sofikos; S. 82 re, 87: Tegan T; S. 83 li, 91: Catalina.m; S. 83 re, 93: Daria Fomina; S. 89: ezhenaphoto

Impressum

Text: Britta Sopp und Tina Bungeroth, ZweiKonzept GbR
Lektorat und Produktmanagement: ZweiKonzept GbR
Layout: Michael Feuerer
Umschlaggestaltung:
Andreas Kersten, BartosKersten Produktmediendesign
Repro: LUDWIG:media
Herstellung: Kathleen Baumann
Printed in Turkey by Elma Basim

★★★★★

Sind Sie mit diesem Titel zufrieden? Dann würden wir uns über Ihre Weiterempfehlung freuen. Erzählen Sie es im Freundeskreis, berichten Sie Ihrem Buchhändler oder bewerten Sie bei Onlinekauf. Und wenn Sie Kritik, Korrekturen, Aktualisierungen haben, freuen wir uns über Ihre Nachricht an:
Christian Verlag, Postfach 40 02 09, D-80702 München oder per E-Mail an lektorat@verlagshaus.de.

Unser komplettes Programm finden Sie unter

Die Deutsche Nationalbibliothek verzeichnet diese Publikation in der Deutschen Nationalbibliografie; detaillierte bibliografische Daten sind im Internet über www.dnb.de abrufbar.

ISBN: 978-3-8388-3850-2

Ebenfalls erhältlich ...

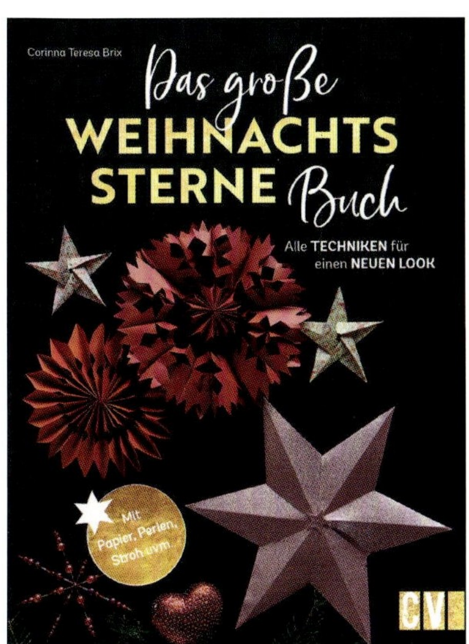

ISBN 978-3-8388-3796-3

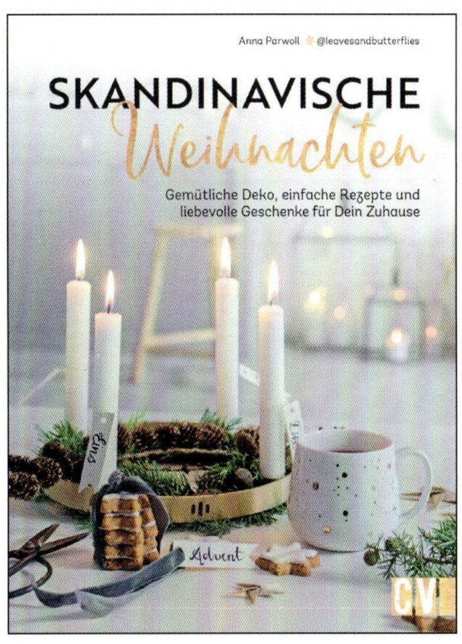

ISBN 978-3-8388-3798-7

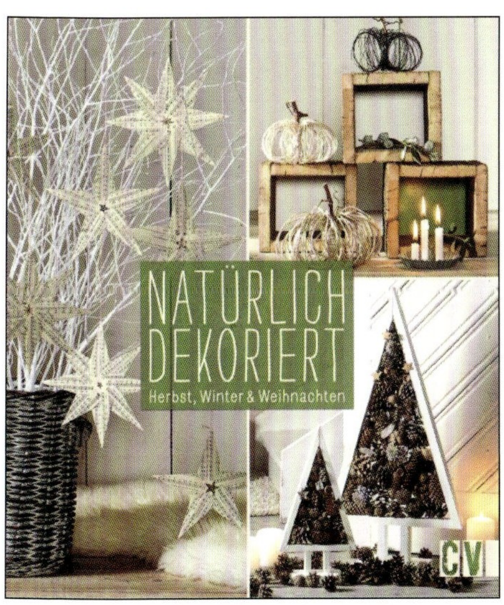

ISBN 978-3-8388-3656-0

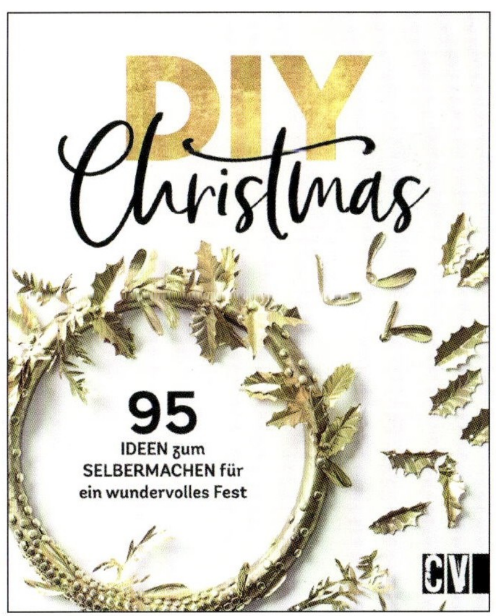

ISBN 978-3-8388-3792-5

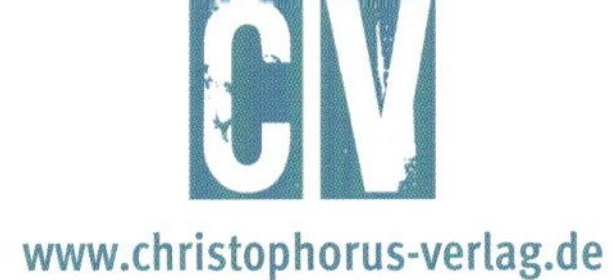

www.christophorus-verlag.de